# LA DÉCOUVERTE AMBIGUË

# ANDRÉ BERTHIAUME

# LA DÉCOUVERTE AMBIGUË

Essai sur les récits de voyage de Jacques Cartier
et leur fortune littéraire

PIERRE TISSEYRE
8955 Boulevard Saint-Laurent, Montréal H2N 1M6

Dépôt légal: 3ème trimestre de 1976
Bibliothèque nationale du Québec

ISBN-7753-0084-5

# Brief recit, &

succincte narration, de la nauiga-
tion faicte es ysles de Canada, Ho-
chelage & Saguenay & autres, auec
particulieres meurs, langaige, & ce-
rimonies des habitans d'icelles:fort
delectable à veoir.

Auec priuilege.
On les uend à Paris au second pillier en la grand
salle du Palais , & en la rue neufue nostredame â
l'enseigne de l'escu de frãce, par Ponce Roffet dict
Faucheur, & Anthoine le Clerc freres.
1545.

« Outre ces raisons, le voyager me semble un exercice profitable. L'ame y a une continuelle exercitation à remarquer les choses incogneuës et nouvelles; et je ne sçache point meilleur escolle, comme j'ay dict souvent, à former la vie que de luy proposer incessamment la diversité de tant d'autres vies, fantasies et usances, et luy faire gouster une si perpetuelle varieté de formes de nostre nature. »

Montaigne, *Essais*, III, p. 236.

« Je voudrais avoir vécu au temps des vrais voyages, quand s'offrait dans toute sa splendeur un spectacle non encore gâché, contaminé et maudit . . . »

C. Lévi-Strauss, *Tristes Tropiques*, p. 32.

## 1. Une lecture du pays

> « Nous étions à la hauteur de Terre-Neuve, où l'on pêche les morues, et du Canada, régions où il fait ordinairement un froid extrême. »
>
> *Journal de bord de Jean de Léry en la terre de Brésil*, p. 187.

Les récits de voyage de la Renaissance sont passionnants à plus d'un titre. Même chez le lecteur prétendument blasé d'aujourd'hui, l'intérêt est avivé par le caractère hardi, voire extravagant, des grandes navigations, par la narration de péripéties mouvementées et les fréquents énoncés qui confinent au fabuleux. Peut-on imaginer une aventure comparable, même au XXe siècle, au prodigieux tour du monde que Magellan entreprit en 1519 avec l'espoir d'atteindre les îles Mollusques riches en or, en ivoire, en poivre et en cannelle? La passionnante relation qu'en fit le Lombard Antonio Pigafetta vaut bien un récit de science-fiction moderne. Les journaux de bord faisaient d'ailleurs une large part à l'imagination afin de répondre aux désirs du lecteur de l'époque. Ainsi, certains navigateurs n'hésitaient pas à rehausser leurs rapports par des légendes empruntées aux *Mille et une nuits.* Les relations de voyage succédaient en quelque sorte aux récits des troubadours et aux romans de chevalerie. On comprend dès lors que ces discours paralittéraires, qui accueillaient volontiers l'imaginaire, aient inspiré les écrivains de l'époque, tel un Rabelais qui transforma souvent sa narration en relation[1]. C'est ainsi que la « petite » littérature fertilise la « grande ».

Par ailleurs, les récits de voyage de la Renaissance contiennent — qu'on me pardonne le cliché — une vérité humaine toujours actuelle. C'est qu'on y voit l'homme « dans toute la vérité de sa nature », avec ses noblesses et ses infamies. Sommes-nous moins cupides, superstitieux, naïfs, racistes que les Colomb, Magellan, Cartier, Cortés, de Léry ? Entre les grandes navigations et les explorations spatiales, l'homme a-t-il beaucoup appris ? Les cosmonautes sont-ils plus civilisés que les cosmographes ?

*

Jacques Cartier est un mythe qui encombre nos manuels d'histoire et nos esprits au détriment du texte même de ses récits de voyage. Le portrait simplifié qui inspire monuments et toponymes occulte trois journaux de navigation qui ne sont pas estimés à leur valeur, bien qu'ils décrivent avec justesse, parfois avec talent, un paysage qui, jusqu'à un certain point, nous a faits tels que nous sommes. Les récits de voyage attribués à Jacques Cartier revêtent pour nous une signification particulière : ils témoignent des réactions des premiers Blancs à avoir consigné sur un journal de bord

---

[1] Au grand scandale, incidemment, d'un Jean de Léry : « je suis assuré que si les Rabelistes, moqueurs et contempteurs de Dieu, eussent été là, leur gaudisserie se fût changée en horribles épouvantements. Ils jasent et se moquent ordinairement, sur terre et les pieds sous la table, des naufrages et périls où se trouvent si souvent ceux qui vont sur mer. » *Journal de bord en la terre de Brésil,* p. 180.

leur exploration de la vallée du Saint-Laurent, ainsi que les traits fondamentaux de la civilisation amérindienne du XVIe siècle.

Les historiens n'ont évidemment pas attaché beaucoup d'importance à la valeur spécifiquement littéraire de ces pages qui signalent le début de la littérature de la Nouvelle-France. Leurs jugements sont d'ailleurs aussi divers qu'exceptionnels. Les uns considèrent que les récits de Cartier sont maladroits, arides, grossiers ; les autres en louent l'honnêteté, l'ardeur, le pouvoir d'évocation.

Le jugement négatif, somme toute injuste, que Geoffroy Atkinson porte sur le *Brief Récit* qui relate le deuxième voyage est d'une certaine façon prémonitoire : « Ce livre curieux et mal écrit emploie [...« les mots anglais *ebb* et *flow* plus d'une fois [...]. On dirait presque que cet ouvrage rarissime a été traduit d'un texte anglais, par quelqu'un qui ne savait pas suffisamment les deux langues[2] ». Gilbert Chinard fait lui aussi preuve d'une grande sévérité en qualifiant la première relation de « sèche et [...] désespérément exacte[3] » ; les deuxième et troisième relations se présenteraient comme « un journal de route exact et détaillé, sans aucun enthousiasme, sans souvenirs classiques et sans réminiscences du moyen âge[4] ». C'est peut-être oublier que l'érudition, qu'elle soit humaniste ou biblique, est parfois importune et risque de voiler la spontanéité du voyageur, comme en témoignent certaines pages d'André Thévet ou de Marc Lescarbot. Paradoxalement Chinard voit dans le caractère minutieux des relations à la fois un défaut et une vertu :

[2] *Les Nouveaux Horizons de la Renaissance française*, p. 62.
[3] *L'Exotisme américain dans la littérature française au XVIe siècle*, p. 37.
[4] *Ibid.*, p. 40.

« L'honnêteté du style et l'exactitude sont assez rares
de son temps, chez les voyageurs, pour que ce soit déjà
lui faire [ à Cartier ] un très grand éloge que de lui reconnaître ces qualités[5] ».

Dans *la Découverte du Canada*, Lionel Groulx a pris
emphatiquement la défense de l'écrivain Cartier. Une
série d'observations pertinentes sur le ton et le style des
récits aboutit à une conclusion quelque peu extrava-
gante :

> [...] les relations de Cartier méritent sûrement
> une place à part dans la littérature de voyage du
> seizième siècle. Rarement, sinon jamais, l'on
> n'avait encore décrit une partie quelconque des
> nouveaux mondes avec pareille ampleur, pa-
> reille puissance d'évocation. L'admirable, en ces
> descriptions de marin, c'est la part faite à la
> terre, aux beautés et à la fécondité du sol, à ce
> que l'on pourrait appeler sa prédestination agri-
> cole. On pense à un prospectus pour les terres
> neuves. Tout invitait à la prise du sol[6].

Léopold Le Blanc n'a pas craint à son tour de
joindre des jugements discutables à des observations
judicieuses. N'est-il pas excessif d'affirmer que très peu
de relations « peuvent concurrencer, du point de vue
littéraire, les passages directs, simples et humains du
premier découvreur[7] » ? Le Père Paul Lejeune, par
exemple, a indiscutablement plus le don du style que
Cartier. Que par ailleurs le *Brief Récit* ait connu « une
vogue considérable » est douteux puisqu'il n'a bénéficié
que d'une seule édition du vivant de son auteur
présumé. Quant à l'« attitude si noble [de Cartier]
envers l'équipage et l'Indien, envers Dieu, envers soi-

---

[5] *Ibid.*, p. 43.
[6] *La Découverte du Canada, Jacques Cartier*, p. 108.
[7] *Histoire de la littérature française du Québec*, I, p. 45.

même », certains faits, notamment les traversées forcées en France, nous permettent d'en douter. Le jugement modéré de Charles-André Julien est plus conforme à la réalité :

> L'auteur ne cherche pas à faire oeuvre d'artiste. Il varie peu les formules, narre les situations les plus tragiques sans émotion et tient fidèlement son journal de bord, plus soucieux de précisions maritimes ou de possibilités minières que de particularités ethniques. C'est la simplicité du style et l'exactitude des détails qui font les mérites du livre[8].

Il est évident que la chronique de Cartier n'a pas la vivacité ni l'ampleur qu'un Champlain ou un Lescarbot surent donner à la leur. Dans l'ensemble elle reste détachée, veillant avant tout à la précision descriptive, et relève, comme l'a souligné Albert Le Grand, d'une « littérature d'action[9] ». Ce qui n'empêche pas une émotion vive de se manifester périodiquement : l'enchantement devant les sites pittoresques, l'espoir de trouver un détroit donnant accès aux fabuleuses richesses orientales, l'appréhension en face de sols ingrats, l'effroi inspiré par le scorbut ou les coutumes indigènes. Il arrive même à l'écrivain de bord d'avoir de l'esprit. À preuve ces plaisantes références au ciel et à l'enfer :

> [Cartier] commanda tirer une douzaine de barges [petits canons], avecques leurs boulletz, le travers du boys, qui estoit joignant [près de] lesdicts navires et gens. De quoy furent tous si estonnéz, qu'ils panssoient que le ciel fust cheu sur eulx ; et se prindrent à huller et hucher

---

[8] *Les Français en Amérique pendant la première moitié du XVIe siècle*, p. 16.
[9] *Histoire de la littérature française*, II, p. 1014.

[crier] si très fort, qu'il sembloit que enffer y fust
vuydé (138)[10].

Et, à l'occasion de la guérison inespérée du
scorbut, cette pointe lancée aux médecins éminents :

> Après ce [cela] avoyr veu et congneu, y a eu
> telle presse [foule], que on se voulloit tuer sus
> ladicte médecine [remède], à qui premier en
> auroyt ; de sorte que ung arbre, aussi gros et
> aussi grand que je vidz jamais arbre, a esté
> employé en moings de huict jours, lequel a faict
> telle oppération, que si tous les médecins de
> Louvain et de Montpellier y eussent esté, avec-
> ques toutes les drogues d'Alexandrie, ilz n'en
> eussent pas tant faict en ung an que ledict arbre
> a faict en huict jours (172).

On peut s'étonner que les premiers textes qui décrivent le golfe et la vallée du Saint-Laurent n'aient
jamais fait l'objet d'une étude littéraire approfondie. Il
ne s'agit pas de revenir sur des problèmes délicats qui
concernent les historiens, les géographes ou les ethno-
logues. Les historiens n'évoquent que d'une manière
marginale le style des relations de Cartier, et l'on ne
saurait le leur reprocher. On comprendra peut-être
plus difficilement qu'ils se contredisent à ce sujet.

*

L'objet de cet essai est d'étudier la sensibilité d'un

---

[10] Le texte des relations de Cartier est cité dans l'édition de Théodore
Beauchesne, dans *Les Français en Amérique pendant la première moitié du
XVIe siècle,* p. 77-197. Faut-il dire qu'une nouvelle édition critique des
récits de voyage de Cartier s'impose ? Les éditions de H. P. Biggar
(Ottawa, 1924) et de Beauchesne sont excellentes, admirables même, mais
elles sont anciennes, rarissimes, inaccessibles au grand public et elles gagneraient à être révisées. Celle, plus récente, de la maison Anthropos
(Paris, 1968) est, semble-t-il, épuisée ; de toute façon, elle reproduit le
texte de 1843.

voyageur du XVIe siècle, en contact pour la première
fois — du moins officiellement — avec nos « paysages
d'avant l'homme[11] », qui a connu, suivant l'expression
de Claude Lévi-Strauss, « la seule aventure totale pro-
posée [alors] à l'humanité[12] ». Ce qui retient ici l'attention, c'est le regard européen, médiéval, qui parcourt
les rives contrastées d'un pays sauvage et nu, le nôtre.
« Et Cartier vit ce que ne verrons plus », note pertinemment Pierre Perrault[13].

Mon analyse n'intéresse pas directement l'histoire
— bien que les fondements historiques s'avèrent essentiels. J'examine les récits de voyage de Cartier dans la
perspective d'hier, en les situant dans le contexte de la
littérature géographique de la Renaissance ; dans la
perspective d'aujourd'hui, en procédant à une lecture
thématique, idéologique ou stylistique. Je considère
également la fortune de ces textes dans la littérature du
Québec, de François-Xavier Garneau à Léandre Bergeron.

Cartier et ses compagnons se sont mis à l'écoute
du pays avec leurs préjugés, leurs espoirs, leurs angoisses. Une étude des récits sous l'angle de l'émotion
et de l'expression m'amène à isoler un certain nombre
de thèmes et de procédés récurrents qu'il importe, pour
éviter l'anachronisme, de situer à l'intérieur du discours ethnographique de la Renaissance. D'autre part,
on peut considérer les relations de Cartier, écrites à
une époque où le Canada se réduisait à la région de
Québec et où le fleuve s'appelait simplement la
« grande rivière », comme un réservoir d'images qui ont
marqué notre sensibilité. C'est ce que Gérard Tougas
reconnaît à sa façon :

[11] Anne Hébert, *Mystère de la parole*, p. 71.
[12] *Tristes Tropiques*, p. 27
[13] *Toutes Isles*, p. 42.

> Reconnaissons que la critique peut largement
> faire son profit des relations des voyageurs
> français, car c'est là qu'il trouvera les premiers
> exemples d'états d'âme qui caractériseront plus
> tard la sensibilité canadienne : émerveillement
> de l'homme devant la grandiose nature du
> nouveau monde et puissance du sentiment reli-
> gieux[14].

Et, plus récemment, Laurent Mailhot, avec beaucoup
d'à-propos :

> . . . Cartier ne donne pas seulement des traduc-
> tions, un vocabulaire (« Nous nommâmes . . . »),
> mais un mouvement, un style, une vision encore
> sensibles, quatre siècles plus tard, chez un
> Savard, un Perrault, un Vigneault, dans de longs
> poèmes comme *Ode au Saint-Laurent* ou
> *Arbres* . . . [15]

Les trois journaux racontent la recherche — toujours déçue — d'un détroit qui permettrait d'atteindre
le royaume du Grand Khan ; ils accumulent des « singularitez » géographiques et ethnographiques qui nourrissent l'espoir de trouver une ouverture vers l'Orient.
L'écriture épouse les balancements entre les séductions
et les répulsions qu'entraînent les paysages ou les autochtones. La relation, qui a pour but la description
conforme de l'espace découvert, se modèle sur le
voyage lui-même avec ses chapitres insulaires et sa
finale abrupte.

La lecture cartiérienne du pays est sans doute co-
lonisatrice, surtout si l'on pense au caractère fonciè-

---

[14] Gérard Tougas, *Histoire de la littérature canadienne-française*, p. 1. Notre
littérature est originellement une littérature de voyages. Nos premiers
textes ont été écrits sur l'eau. L'usage encore courant des mots *embarquer,
adonner, virer, bord* nous rappelle « à quel point le vocabulaire maritime
[...] a marqué le langage populaire ». Gérard Dagenais, *Dictionnaire des
difficultés de la langue française au Canada*, p. 270.
[15] *La Littérature québécoise*, p. 10.

rement économique de la mission. Par ailleurs, il est certain que cette lecture, faite par de « simples mariniers », se réalise dans un cadre intellectuel plus caractéristique du Moyen Âge que de la Renaissance. Comme le souligne Daniel Ménager, « la connaissance de la terre s'opère dans un climat spirituel qui est encore celui du Moyen Âge[16] ». Mais le champ socio-culturel restreint ne devrait pas nous empêcher d'entendre une voix singulièrement puissante, celle du pays. Il y a échange continuel entre le voyageur et la *terra incognita* : ce n'est pas toujours celui qui tient la plume qui parle.

Cartier dirige non seulement la marche de ses navires vers l'Orient, il construit une image du pays laurentien qui inspirera un nombre impressionnant d'écrivains et d'écrivants. Les *briefs récits* ont en effet donné lieu à un grand nombre de lectures explicites, surtout romantico-épiques, parfois poétiques ou même polémiques. Les relations du capitaine breton ont traversé notre culture tout en élaborant une certaine mythologie du pays.

En prenant garde de ne pas forcer la réalité, on peut tout de même observer que du *Brief Récit* à l'*Ode au Saint-Laurent,* en passant par *Maria Chapdelaine* et *Menaud maître-draveur,* s'inscrit — et s'écrit — d'une façon permanente et fondamentale une thématique de la mer et du fleuve, de la terre et de la forêt, de la neige et du froid, d'un espace à nommer et à habiter. Et ne dirait-on pas que, depuis une dizaine d'années, les poètes québécois retrouvent d'une certaine façon le regard étonné du navigateur français, son émerveillement, son inquiétude, son désir de nommer les

---

[16]*Introduction à la vie littéraire au XVIe siècle,* p. 120.

réalités d'ici, précisément à une époque où la Terre
Québec connaît une sorte de Renaissance ?

Ce n'est pas mon intention, qu'on se rassure, de
faire de Cartier un Dollard des Ormeaux littéraire, d'a-
jouter aux hommages déjà assez nombreux et délirants.
La « mâle poitrine » de Jacques Cartier, pour reprendre
une expression de Chateaubriand, ne m'inspire pas plus
qu'il ne faut. D'ailleurs, libre à chacun de voir dans les
relations « une sorte de Genèse[17] », comme Félix-
Antoine Savard, ou « un péché originel[18] », comme le
Jacques Ferron de 1966. Je m'efforce plutôt d'examiner de quelle façon Cartier et/ou ses secrétaires ont
pratiqué une première lecture du pays, tantôt en-
thousiaste, tantôt anxieuse, souvent ambiguë, et de voir
comment, par la suite, des auteurs, Garneau, Fréchette, Barbeau, Groulx, Savard, Perrault ont lu
Cartier. Qu'ont-ils retenu de ses relations ? Quels sont
les traits qui les ont inspirés ? Comment ces éléments
ont-ils été utilisés ? Pourquoi les avoir exploités de telle
ou telle façon ? Dans quel contexte idéologique ? C'est
à ces différentes questions que je tente d'apporter des
éléments de réponses.

Il est d'autant plus facile de mythifier Jacques
Cartier que sa personnalité nous est à peu près inconnu-
ue[19]. En 1534, c'est un marin de quarante-trois ans qui

---

[17] Évoquant « le caractère sacré que [ces pages] ont pour nous d'une sorte
de Genèse », Savard dans sa « Lettre à un ami sur les relations de
Cartier », range ces « textes admirables » parmi nos « livres essentiels ».
*L'Abatis*, p. 141. Voir aussi Laurent Mailhot, *op. cit.*, p. 9.

[18] Jacques Ferron, « la Conquête de la France », *Écrivains du Canada*,
Lettres nouvelles, décembre 1966, p. 103.

[19] « On sait fort peu de choses sur le passé du capitaine malouin qui avait
sans doute fait des voyages antérieurs à Terre-Neuve et au Brésil. [...] Il
semble certain que Cartier acquit peu de notoriété de son vivant et
poursuivit une vie de bon bourgeois dans sa ville de Saint-Malo sans avoir
reçu du roi aucun honneur spécial » (Julien). Il avait épousé Catherine des

a bourlingué, qui a peut-être, dix ans plus tôt, exploré les côtes terres-neuviennes avec le Florentin Verrazzano. Grâce à l'abbé Le Veneur, un de ses parents, procureur fiscal des revenus de l'abbaye du Mont-Saint-Michel[20], François 1er le charge d'une mission : trouver par le Nord-Ouest un passage vers la Chine, rapporter des métaux précieux et des épices. Il faut concurrencer les Espagnols et les Portugais qui se partagent, avec la bénédiction du pape, les immenses richesses du Mexique et du Pérou.

Mais les journaux de bord en disent plus long que ce que l'explorateur a bien voulu consigner. Pour les besoins de la lecture tridimensionnelle que je risque, mettons que Cartier n'est qu'un *vocable*, pour reprendre le mot de Michel Beaujour à propos de Rabelais[21]. C'est le texte même des relations qu'il faut maintenant scruter et, en attendant le grand soir de la Formalisation définitive, interpréter. Discours ethnographique que Cartier n'a sans doute pas rédigé seul puisque au moins un secrétaire (Jehan Poullet) et un écrivain professionnel (François de Belleforest ?) ont dû y mettre la main. Mais c'est peut-être moins le Cartier du pays de Bretagne qui séduit que le Cartier

Granches, fille d'un connétable de Saint-Malo, en 1520, ce qui équivalait à une pomotion sociale. Après 1542 , il « finit ses jours à Saint-Malo dans une honnête médiocrité » (Frégault). Interprète portugais à l'occasion. Est appelé à témoigner à la cour à quelques reprises : « Ennuyé souvent pendant sa vie, par ses propres concitoyens de Saint-Malo qui s'emploieront de leur mieux à contrecarrer ses projets, il devra affronter les mêmes contradictions au retour de son troisième voyage, querelles, chicanes qui se prolongeront jusqu'à ses héritiers » (Groulx). Plusieurs fois témoin à des baptêmes, associé dans une note des registres de l'état civil (15 octobre 1552) aux « bons bourgeois ». Reçoit André Thévet. Le 15 décembre 1557, il meurt « en petit bourgeois, en son modeste manoir de Limoilou » (Groulx). C'est la peste qui l'emporte à 66 ans. « Sa disparition passa inaperçue » (Frégault).
[20] Voir Ch.-A. Julien, *les Français en Amérique pendant la première moitié du XVIe siècle*, p. 11.
[21] *Le Jeu de Rabelais*, p. 11.

d'ici, celui qui découvre involontairement un pays et crée dans une certaine mesure le paysage qu'il décrit : suivant Lévi-Strauss, « tout paysage se présente d'abord comme un immense désordre qui laisse libre de choisir le sens qu'on préfère lui donner[22] ». Désordre du paysage, désordre du texte qui réclame un ordre, celui du sens.

*

Si mon introduction débute par un petit dossier stylistique qui monte malicieusement en épingle les contradictions de quelques historiens quant à la valeur littéraire des relations, ce n'est pas que j'aie l'intention de me borner à l'analyse des procédés rhétoriques. Mon essai voudrait surtout mettre en évidence un (double) sens parmi d'autres, l'ambiguïté, qui sillonne le texte attribué à Cartier, ses manifestations, ses motivations. La dominante de l'approche est thématique, tout bonnement[23]. Par ailleurs, je n'ai pas cherché à donner à mon propre discours une organisation rigide : comme l'oeuvre considérée est peu accessible, il me fallait songer à l'information (historique, textuelle) autant qu'à la critique. D'où quelques citations longuettes. Autant reconnaître aussi tout de suite qu'il m'est arrivé de céder au plaisir de la (modeste) digression que les thèses interdisent.

On peut mettre en doute la littérarité de mon objet d'analyse, son « unité », sa « cohérence », mais les frontières de cette littérarité sont trop élastiques pour entraver mon projet : « Ce détestable découvreur [Cartier] est le premier de nos écrivains », affirmait Jacques

---

[22] *Tristes Tropiques,* p. 48.
[23] Tout discuté qu'il soit, le thème est un concept éminemment commode et opératoire : sa « puissance de dénotation » (Todorov) est évidente.

Ferron en 1957[24] ; Guy Sylvestre affirmait le contraire
dix ans plus tard, ce qui montre bien le caractère éminemment variable (et historique) de la forme littéraire :

> On a certes écrit au Canada avant 1867. Les re-
> lations de Cartier, de Champlain, des Jésuites ;
> les lettres de Marie de l'Incarnation, les poésies
> que Lescarbot écrivit dès 1606 à Port-Royal ap-
> partiennent à notre histoire ; elles ne constituent
> pas une première littérature canadienne. Ces
> écrits vénérables sont l'oeuvre de Français, non
> de Canadiens. L'intérêt des chroniques et récits
> que nous ont laissés les explorateurs, les
> missionnaires et les administrateurs des dix-
> septième et dix-huitième siècles est historique et
> non littéraire[25].

Pour concilier les points de vue, disons que les
récits de voyage de la Renaissance appartiennent
présentement à la paralittérature, que l'on peut définir
avec Marc Angenot comme « l'ensemble de la produc-
tion écrite ou orale non strictement informative que
des raisons idéologiques ou sociologiques maintiennent
en dehors de la clôture lettrée dans une société
donnée[26] ».

Littéraire ou paralittéraire, le système de la relation de voyage semble intégrer les articulations for-
melles qui intéressent la narratologie : temps, mode,
voix.[27] La relation est hypothétiquement un discours
narratif qui privilégie la pause descriptive, laquelle par
ailleurs ne se prive pas de raconter une histoire, celle
du contemplateur.

---

[24] « Jacques Cartier », dans *l'Information médicale et paramédicale,* vol. IX,
n° 22, 1957, p. 12.
[25] *Un siècle de littérature canadienne,* p. X-XI.
[26] *Glossaire de la critique littéraire contemporaine,* p. 78. Les grands classiques d'hier, les Corneille, Descartes, Pascal, Bossuet, Boileau ne seraient-
ils pas maintenant entrés dans le purgatoire paralittéraire ?
[27] Voir Gérard Genette, « Discours du récit », dans *Figures III,* p. 67 ss.

Tout roman n'est-il pas en définitive un récit de voyage ? « L'une des intrigues [romanesques] les plus anciennes et les plus universelles, écrit Austin Warren, est celle du Voyage, sur la terre ou sur l'eau[28] ». En 1556 parut à Lyon un roman anonyme dont le titre est significatif : *Voyage et navigation des isles incongneues.* Ce titre aurait pu coiffer une bonne partie de l'oeuvre de Rabelais. À l'époque classique, c'est tout naturellement que le fictif s'est introduit dans le récit de voyage réel[29]. Historiquement la forme romanesque doit beaucoup non seulement au motif du voyage mais peut-être aussi à la structure de la relation. C'est un corollaire de la science du récit qui n'a pas encore été examiné.

---

[28] *Théorie littéraire,* p. 304.
[29] Voir Henri Coulet, *le Roman jusqu'à la Révolution,* p. 213-214.

## 2. Bref Récit

« Mais, entre autres [vaisseaux de guerre], il y en avait un de Saint-Malo : ses mariniers peu auparavant avaient pris et emmené un navire espagnol qui revenait du Pérou, chargé de bonne marchandise qu'on estimait à plus de soixante mille ducats. Cela avait été déjà divulgué par toute la France et beaucoup de marchands parisiens, lyonnais et autres étaient arrivés en ce lieu pour acheter à ce vaisseau. »

*Journal de bord de Jean de Léry en la terre de Brésil*, p. 196.

Jacques Cartier fit trois voyages du royaume de France aux « Terres Neufves pour descouvrir certaines ysles et pays où l'on dit qu'il se doibt trouver grant quantité d'or et autres riches choses[1] ». La cupidité des marchands rend difficile le recrutement des soixante et un marins[2], mais la première expédition peut partir de

[1] Voir H. P. Biggar, *Documents relating to Cartier and Roberval*, p. 42.
[2] Vu « l'impeschement que lui ont donné et donnent journellement aulcuns [quelques-uns] tandans empescher ladicte navigacion contrevenans au plaesir et voulloir du Roy nostre souverain seigneur et aussi plussieurs bourgeoys et marchans de cestedicte ville taichant à faire mener et conduire plussieurs navires de cestedicte ville auxdictes parties de Terre Neuffve pour leur profilt particullier, lesquelz ont caiché et faict caicher lesdicts maistres de navires, maistres mariniers et compaignons de mer que par ce moyen est du tout empescher l'antreprinse et voulloir dudict seigneur . . . » Extrait d'un ordre de la Cour de Saint-Malo daté du 15 mars 1533. Voir Biggar, *op. cit.*, p. 43.

Saint-Malo le 20 avril 1534. Cartier commence par explorer les poissonneuses côtes des Terres Neuves. Bien qu'elles soient encore encombrées de glaces, elles sont hantées par de nombreux pêcheurs de morue de diverses nationalités[3]. À l'affût des ouvertures, Cartier fait lentement le tour du golfe que le géographe Mercator baptisera Saint-Laurent en 1569. La « qualité » du pays l'émerveille, de même que le nombre étonnant de pingouins, de fous de Bassan[4] et d'îles. Il fait une miraculeuse pêche de morues au Cap de Latte — une centaine en une heure — , tue plus de mille pingouins aux Rochers-aux-Oiseaux. En revanche, la stérilité de « la coste du nort » labradorienne l'inquiète au point d'y voir la « terre que Dieu donna à Cayn (87) ». Puis, c'est l'inévitable prise de contact avec les Améridiens, « la plus pouvre gence qu'il puisse estre au monde (104) ». Ils réservent un bon accueil aux marins étrangers. Dans la baie de Chaleur, source de ravissement et de déception, des Micmacs (Souriquois), qui semblent « voulloir notre amytié (100) », troquent leurs fourrures contre des couteaux, nonobstant les « passevolans » (canons)

---

[3] En juin 1542, au havre de Saint-Jean où il attend Cartier, Roberval n'est pas seul : il y a là dix-sept navires de pêcheurs basques et portugais. Voir *les Français en Amérique pendant la première moitié du XVIe siècle*, p. 202. Dans une lettre qu'il adresse au roi en 1618, Champlain indique que si les Anglais « venoient à s'emparer du fleuve Saint-Laurent et de notre habitation, ils empescheroient du moing six cens ou sept cens vaisseaux françois, qui vont tous les ans à la pesche des morues ; à quoy il est besoing de pourvoir et d'y mettre ordre de bonne heure » (*les Voyages de Samuel Champlain,* p. 274). Ajoutons le témoignage de Marc Lescarbot : « de toute memoire, & des plusieurs siecles noz Dieppois, Maloins, Rochelois, & autre mariniers du Havre de Grace, de Honfleur & autres lieux, ont les voyages ordinaires en ces païs-là pour la pécherie des Moruës dont ilz nourrissent préque toute l'Europe, & pourvoyent tous vaisseaux de mer. » *Histoire de la Novvelle-France,* 1911, vol. II, p. 394.
[4] « Quelqu'vn pourroit accuser le Capitaine Quartier d'avoir fait des contes à plaisir, quand il dit que tous les navires de France pourroient se charger d'oyseaux en l'ile qu'il a nommée *Des oyseaux :* & de verité je croy que cela est vn peu hyperbolique. Mais il est certain qu'en cette ile il y en a tant que c'est chose incroyable. » Marc Lescarbot, *op. cit.,* II, p. 475.

et les « lanses à feu » (100). Cartier parcourt vainement la baie dans l'espoir de trouver « une grande abreviacions (92) » vers le Cathay de Marco Polo. À Honguedo (Gaspé), deux cents Iroquois venus de Stadaconé se ravitaillent en poissons[5]. Une « grande harangue (106) » du chef Donnacona n'empêche pas le navigateur d'ériger une croix de trente pieds de haut à la pointe Penouille et de prendre tranquillement possession du pays au nom de François Ier. Rituel de conquistador. Donnacona laisse partir ses deux fils pour la France : ils décriront devant la cour le fantastique royaume de Saguenay. Thomas Aubert n'a-t-il pas donné l'exemple en 1508 ? À la mi-août, entre la côte Nord et l'île d'Anticosti, « la difficulté des grandz ventz et maréez contraires (109) » immobilise Cartier pendant cinq jours. C'est alors qu'il décide de retourner en France[6].

En mai 1535, Cartier a trois navires, cent dix hommes, des vivres pour quinze mois. Les fils de Donnacona, Domagaya et Taignoagny, l'invitent à ne pas s'attarder dans le golfe, à remonter plutôt le « grand fleuve de Hochelaga et chemyn de Canada (125) ». Toujours en quête d'une brèche menant au royaume de Saguenay, il explore fébrilement les côtes, revient sur ses pas, décrit de larges boucles. « Entre la mer et l'eaue doulce (130) », il aperçoit des baleines blanches. Il observe, décrit, baptise. Aucune mention des Indiens avant l'île d'Orléans qu'il atteint exactement deux mois après son arrivée à la Terre des Morues. À Stadaconé, Donnacona est ravi de retrouver ses fils. Cartier note le « bonne amour et bon voulloir (133) » des indi-

[5] « Ces indigènes étaient des Iroquois : ils avaient envahi la vallée du Saint-Laurent vers l'an 1200, introduit là les cultures de maïs, de courge, de haricot et de tabac et finalement imposé leur domination tout le long du fleuve. Ils étaient les maîtres du Saint-Laurent. » Marcel Trudel, *Histoire de la Nouvelle-France*, I, p. 81.
[6] Un lexique de 58 mots amérindiens complète la première relation.

gènes. Il a de bonnes relations avec les « gens du pays ». Mais soudain les Stadaconéens voient d'un mauvais oeil que le capitaine français se rende à Hochelaga. Peut-être comptaient-ils avoir le monopole du troc avec les Européens[7]. Cartier dédaigne une diablerie indigène et décide d'atteindre le village iroquois sans interprètes. À Achelacy (Portneuf), le chef recommande à Cartier de se méfier de Donnacona. L'accueil des mille « Canadiens » d'Hochelaga est mémorable ; le chef impotent présente spontanément sa couronne au dieu venu du ciel. Échange de cadeaux, puis on amène des malades à Cartier pour qu'il les guérisse. Une « merveilleuse joie » règne dans le village qui comprend une cinquantaine de bâtisses (147). Sur le sommet du mont Royal, Cartier s'émerveille d'avoir « veue et congnoissance de plus de trente lieues (151) ». Il décrit la faune et la flore environnantes, s'attarde sur les mœurs et coutumes des Iroquois avec qui il communique par signes. La barrière linguistique l'empêche d'avoir des indications précises sur un Eldorado nordique.

André Thévet, dont il faut parfois se méfier, croit que des marins profitèrent de l'absence de Cartier pour maltraiter quelques habitants de Stadaconé, ce qui expliquerait le dégradation des rapports[8]. Chose certaine, les Français construisent un fort « pour se défendre contre tout le pays (154) ». À la suite d'une visite de Stadaconé avec cinquante matelots, Cartier conclut que le peuple amérindien est « aisé à dompter ». La fuite inopinée d'une fillette offerte par Donnacona à

---

[7] Marc Lescarbot croit que les habitants d'Hochelaga étaient les ennemis des Stadaconéens : « & pour ce n'avoient point ce voyage agreable : ou bien ilz craignoient que ledit Capitaine ne les abandonnât, & allât demeurer en Hochelaga », *Op. cit.*, II, p. 434.
[8] Voir les *Singularitéz de la France antarctique*, p. 422-423 ; la *Cosmographie universelle*, II, fol. 1012v ; H. P. Biggard, *The Voyages of Jacques Cartier*, p. 190, note 45 : *les Français en Amérique pendant la première moitié du XVIe siècle* p. 161, note 1.

Cartier augmente sensiblement la tension. On parlemente encore mais il y a désormais « une ripvière en-
tredeulx (161) ». Le 5 novembre, réconciliation apparente.

C'est à la rivière Sainte-Croix (aujourd'hui Saint-
Charles) que les Français choisissent de s'installer, de
la mi-septembre 1535 au début de mai 1536. Cartier
décrit émerveillé « toute la terre des deux coustéz
dudict fleuve (164) », écoute avec complaisance quelques fantaisies de Donnacona sur des monstres et sur le
royaume de Saguenay. En décembre, les Européens se
trouvent aux prises avec le terrible scorbut. Défense
aux Iroquois d'approcher du fort. À la mi-février, cent
hommes sur cent dix sont touchés par le mal. Prières,
processions et voeu ne donnent même pas la vigueur
requise pour l'inhumation des cadavres. On vit dans
une « crainte merveilleuse des gens du pays (169) ».
C'est seulement en avril que les Améridiens dévoilent à
Cartier l'action curative du cèdre blanc grâce auquel
les malades sont sur pied en quelques jours.

Une longue absence de Donnacona fait
soupçonner la « mauvaistié » des Iroquois (175). La
capture d'une dizaine d'indigènes, à l'occasion de la
fête de la Sainte-Croix, amènera Jacques Ferron à
penser que Cartier « avait la croix sinistre[9] ». Révolte
des indigènes que Donnacona, du haut du pont, apaise.
Début mai, Cartier rentre en France avec douze
pépites d'or et les Iroquois capturés. Ceux-ci, dont
Donnacona, ne reviendront pas.

Un lexique ajouté au deuxième récit de voyage
contient 160 mots et expressions amérindiens, soit trois
fois plus qu'à la fin du premier récit.

---

[9] *Historiettes*, p. 43.

Cartier retrouve une France en guerre contre l'empereur d'Occident Charles-Quint. Cette conjoncture difficile oblige François Ier à reporter après la trève de Nice (18 juin 1538) le troisième voyage d'exploration dans les « terres de Canada et Ochelaga, faisant vn bout de l'Asie du costé de l'occident[10] ». Mais c'est alors une installation définitive que projette le roi[11]. Pour éviter une condamnation papale, l'expédition revêtira un caractère évangélisateur. En février 1540, survient un événement inattendu : le catholique roturier Cartier est remplacé à la tête des équipages par le noble protestant Roberval.

Le Malouin appareille enfin le 23 mai 1541, avec cinq navires, des provisions pour deux ans et quatre cents matelots, une cinquantaine d'entre eux ayant été recrutée dans les prisons[12]. La traversée est difficile, elle dure trois mois. Le mouillage de trois navires a lieu à l'embouchure de la rivière du cap Rouge. Agona, qui a succédé à Donnacona mort en France avec la plupart de ses compagnons, offre lui aussi sa couronne à Cartier. Celui-ci fait édifier deux forts qu'il nomme Charles-Bourg-Royal en l'honneur du duc d'Orléans. On trouve des pierres que l'on prend pour des diamants et on en charge dix tonneaux : « La flotte de Cartier était celle des illusions, commente Marcel

---

[10] Extrait de la Commission de Cartier pour le troisième voyage. Voir Biggar, *Documents relating to Jacques Cartier and Roberval*, p. 128.
[11] Le roi ordonne à Roberval d' « habiter esdites terres et pays, y construyre et ediffier villes et fortz, temples et eglises pour la communication de notre saincte foy catholique et dotrine crestienne ; constituer et establir loix de par nous, ensemble officiers de justice, pour les faire vivre par raison et police et en la crainte et amour de Dieu . . . » Extrait de la Commission de Roberval. Voir Biggar, *op. cit.*, p. 178.
[12] Cartier avait la permission d'amener au maximum cinquante « prisonniers accusez ou prevenuz d'aucuns crimes quelz qu'ils soient, fors des crimes d'herezie et leze majesté divine et humaine envers nous et de faulx monnayeurs ». Extrait de la Commission de Cartier. Voir Biggar, *op. cit.*, p. 130.

Trudel : le minerai d'or n'était que de la pyrite de fer, et
les diamants, du quartz, d'où le proverbe « faux comme
diamants de Canada[13] ».

Le 7 septembre, arrêt à Hochelay où Cartier laisse
deux Français. L'accueil d'Hochelaga est toujours en-
thousiaste. Le capitaine breton s'informe des rapides et
de l'Eldorado du Saguenay, « tant par signes que par
paroles (195) », ce qui engendre une certaine confusion.
Malgré les vivres et les guides qu'on lui offre spontanément, Cartier reste méfiant : « Il faut se garder de
toutes ces belles cérémonies et joieusetés (196) ». Ne
pouvant passer le saut Saint-Louis ou le Saut-au-
Récollet, il est contraint de s'en retourner. Entre-temps,
les indigènes ont cessé de fréquenter Charles-Bourg-
Royal. Un assaut semble même imminent (197). Une at-
mosphère d'état de siège caractérise la finale abrupte
du troisième récit.

Cartier rencontra Roberval le 18 juin 1542 au
havre de Saint-Jean. Il révéla à son supérieur « qu'il
n'avoit pu avec sa petite bande, résister aux Sauvages
qui rodoient journellement et l'incommodoient fort et
que c'était là la cause qui le portoit à revenir en France
(202) ». La nuit suivante, « Cartier et ses gens remplis
d'ambition et parce qu'ils vouloient avoir toute la gloire
d'avoir fait la découverte de ces parties, se sauvèrent
secrètement » et rentrèrent en Bretagne (203). Ils
croyaient aussi rapporter des métaux précieux, trouvés
sur les bords de la rivière du cap Rouge.

Que le bilan de la mission scientifique de Cartier
ait été plutôt négatif, un Marc Lescarbot n'en doutera
pas une seconde, déclarant, cette fois sans user de pé-

---

[13] Marcel Trudel, « Jacques Cartier », *Dictionnaire biographique du
Canada*, p. 175.

riphrases érudites, qu'« en vain nous nous glorifions »
de « ce nom de Novvelle-France » et que « jamais on
n'a embrassé sérieusement ces affaires[14] ».

---

[14] *Op. cit.*, II, p. 212, 214.

## 2.1. Succincte description

> « Pour moi, je m'en rapporte à ce qui est. »
> *Journal de bord en la terre de Brésil*, p. 65.

Il est significatif que le manuscrit publié en 1545 ait pour titre *Brief Récit ou succincte narration* . . . Le détachement semble d'ailleurs aller de pair avec la concision. Les trois voyages à l'autre bout du monde représentent tout de même une période de temps relativement longue : trente-cinq mois de déplacements et d'incidents. Le temps de l'aventure se trouve réduit dans l'édition de Théodore Beauchesne à quelque cent pages seulement, si l'on fait abstraction des notes infrapaginales. Texte curieusement condensé, qui contraste avec la prolixité de la plupart des relations de l'époque.

Respectant la tradition, chaque récit comporte des « chappitres » de longueur irrégulière, qui sont parfois annoncés explicitement. Le narrateur assume alors une fonction de régie :

> . . . et aultres choses que ledict cappitaine leur fist, comme sera veu en ce chappitre (148)

> . . . de la sorte et manyère qu'il sera dict en ce chappitre ensuyvant (171).

On compte vingt-quatre chapitres dans la première relation, vingt-et-un dans la deuxième, bien qu'elle soit deux fois plus longue que la première, et quatre chapitres seulement dans la troisième, qui est de loin la plus « succincte ». Le chapitre le plus long, qui se trouve

dans le *Brief Récit*, est significativement consacré aux
« coutumes, façons de vivre et de s'accoustrer (103) »
des Stadaconéens en voyage de pêche à Honguedo.
Cartier est d'ailleurs le premier explorateur à nous
renseigner sur les moeurs des Améridiens de la vallée
du Saint-Laurent. Ses observations sont d'autant plus
précieuses qu'elles constituent la seule source écrite de
l'époque.

Un chapitre commence le plus souvent par la
mention d'une date ou d'une distance entre deux endroits ; la situation temporelle ou spatiale est de règle :

> et le XXI jour dudit moys de may, partismes
> dudit hable, avecques ung vent de ouaist, et
> fumes portéz au nort, vng quart de nordeist de
> cap de Bonne Viste, jucques à l'isle des
> Ouaiseaulx . . . (80)

> La terre, dempuis Cap Rouge jusques au
> Dégrat, qui est la pointe de l'entrée de la baye,
> gist, de cap en cap, nort nordeist et su su-
> rouaist . . . (82)

> Dudit lieu des Islettes jucques à ung hable
> nommé Brest, audit art de vent, y a dix lieues
> (85).

Les événements sont toujours narrés au passé. Le
narrateur utilise le présent, temps de l'énonciation,
lorsqu'il donne son avis, exprime son sentiment, fait le
point sur ses connaissances territoriales :

> Cestedite ille [Brion] est la meilleure terre que
> nous ayons veu, car ung arpant d'icelle terre
> vault mielx [mieux] que toute la Terre Neufve
> (92).

> Je présume mielx que aultrement, à ce que j'ay

veu, qu'il luy aict aulcun passaige entre la Terre
Neufve et la terre des Bretons (92).

Comme il se doit, un journal de navigation, essentiellement lié à des déplacements incessants, implique
un certain nombre d'observations techniques (distance,
situation, température) qui laissent peu de place à la ré-
flexion personnelle ou à la narration pittoresque. Mais
dès que les navires s'immobilisent quelque temps, la
chronologie disparaît, le récit s'ouvre davantage au
procès d'énonciation et aux digressions descriptives.

Il arrive qu'en quelques lignes la narration em-
brasse un grand nombre de semaines, voire de mois :
ainsi, dans le même chapitre, Cartier décrit les premiers symptômes du scorbut qui se sont manifestés en
décembre et la situation tragique qui sévissait à la mi-
février, alors que « de cent dix hommes que nous
estions, il n'y en avoyt pas dix sains... (168) ». Le
début du chapitre suivant contient encore un plus
grand espace de temps : « Despuis la my novembre
jusques au XVme jour d'apvril, avons esté continuellement enferméz dedans les glaces... (170) ». Il est
possible que, vu le tragique de la situation, le journal
soit resté en plan pendant tout l'hiver.

En revanche, lorsque règne un sentiment d'attente
angoissée, le narrateur resserre spontanément la chronologie ; par exemple, lorsque les Français attendent
les Iroquois de Stadaconé avec l'espoir de capturer les
chefs, méfiants depuis plusieurs jours :

> Et celluy jour, *envyron midi*, vindrent plusieurs
> gens de Stadaconé, tant hommes, femmes, que
> enffans, qui nous dirent que leur seigneur Don-
> nacona, Taignoagny, dom Agaya et aultres qui
> estoient en sa compaignye, venoyent, de quoy

fumes joieulx, espérant nous en saisir. Lesquels vindrent *envyron deux heures après midi* ; et lors qu'ilz furent arrivéz davant noz navires, nostre cappitaine alla saluer le seigneur Donnacona, lequel pareillement luy fist grande chère, mays tousjours avoyt l'oeil au boys, et une craincte merveilleuse. *Tost après* arryva Taignoagny, lequel dist audict seigneur Donnacona, qu'il n'entrast poinct dedans le fort (177).

Dès que l'émerveillement s'intensifie et se prolonge, la temporalité disparaît pour faire place aux notations spatiales. L'espace se désolidarise du temps, ou plutôt l'espace impose son temps à lui : « Item, y treuverez en jung, juillet et aoust, force macqueraulx, mulletz, bars, sartres, grosses anguilles et aultres poissons (166) ». Le journal de bord cède la place à la description émerveillée, la prise de conscience de l'inédit se substitue à la notation quelque peu mécanique.

Il arrive aussi que le narrateur prenne certaines libertés avec la chronologie. Ainsi, ignorant le détroit de Cabot, Cartier précise qu'il n'y a « aulcun passaige entre la Terre Neuffve et la terre des Bretons (92) ». Or ce renseignement précède la description des îles de la Madeleine, « le commancement des bonnes terres », alors qu'il devrait normalement la suivre. Le narrateur se hâte de fournir le renseignement pour sans doute en indiquer l'importance. Ce faisant, il perturbe la chronologie. Plus loin, *le cap de Sauvaige* est ainsi nommé avant même que l'incident qui inspire le toponyme ne soit raconté (96).

Dans le deuxième récit, les maisons d'Hochelaga, le mode de vie de ses habitants et le fameux collier de porcelaine (*esnogy*) sont décrits *avant* que les Français ne soient « arrivez auprès d'icelle ville (148) » ! On peut supposer que la description de la ville et des coutumes indigènes a été rédigée bien après la première visite d'Hochelaga et qu'elle a été intégrée maladroitement dans le *Brief Récit*, sans tenir compte de la chronologie réelle.

À la mi-septembre 1535, le brusque changement d'attitude des fils de Donnacona marque un tournant dans l'évolution des rapports entre Français et Amérindiens. La narration répercute curieusement ce revirement psychologique par un saut de quatre jours, alors que la chronologie est parfaitement régulière (135). Silence troublant. On a peine à croire que cette ellipse soit due à une simple distraction de copiste. Il est sans doute survenu un événement malheureux que les Français préféraient passer sous silence. Étonnante coïncidence, on voit, deux jours plus tard, les Amérindiens s'inquiéter des « bastons de guerre » que portaient les Français . . .

*

Dans tout récit de voyage, la description de la faune et de la flore occupe une place prépondérante. Cartier ne fait pas exception à la règle en procédant méthodiquement à l'inventaire des régions de Canada et d'Hochelaga. Lescarbot se plaint des fréquentes descriptions et nomenclatures,

> considérant que les descriptions desdits Capitaine Quartier & Champlein sont des iles, ports, caps, rivieres, & lieux qu'ils ont veu, lesquels étans en grand nombre apporteroient plutot vn degout au lecteur, qu'vn appetit de lire, ayant moy-mème quelquefois en semblable sujet passé par dessus les descriptiõs des provinces que

> Pline fait és livres III, IV, V, & VI de sõ *Histoire naturelle*[15].

Pourtant, le goût de la description et du répertoire est tout à fait typique de l'esprit humaniste, féru de catalogues, compilations, digests : il cherchait, semble-t-il, à maîtriser la réalité en l'épelant. D'où, par exemple, les longues listes qui enrichissent l'oeuvre rabelaisienne. Par ailleurs, les fréquentes énumérations donnaient une impression d'abondance, à laquelle les princes et les marchands furent sans doute plus sensibles que les historiens comme Lescarbot.

Signalons enfin qu'une épître au roi précède la relation du deuxième voyage. C'est une prouesse d'érudit, rédigée avec un évident souci d'esthétique. Un exercice de rhétorique qui s'accorde assez peu avec la visée scientifique de la relation[16]. Cette introduction fleurie se termine brusquement et, sans transition aucune, sans même l'annonce d'un chapitre, nous sommes projetés dans l'espace concret et quotidien du récit de voyage. Le passé se substitue alors au présent, le récit au discours, le nous au je, le vécu à la littérature.

[15] *Histoire de la Novvelle-France,* II, p. 385.
[16] Pour une analyse de cette lettre, voir chapitre 8.

## 2.2. Paternité

> « [...] tous les jours, moi, qui étais toujours sain,
> avais écrit sans aucune interruption chaque
> jour. »
>
> Pigafetta, *Premier Voyage autour du monde,* p.
> 217.

Il n'est pas indifférent que le *Brief Récit* ait paru
sans nom d'auteur, car nous ignorons dans quelle
mesure Cartier a participé à sa rédaction. Dans l'état
actuel des recherches, il est impossible de le préciser[17].
Y avait-il plus d'un journal de bord pour chaque
expédition ? « Les relations de Cartier ont dû être
rédigées d'après les journaux de bord, suggère
Théodore Beauchesne, ce qui explique certaines
omissions et erreurs[18]. »

Qui fit la synthèse de tous ces textes ? Dans quelle
mesure furent-ils revus, peut-être même expurgés,
avant d'être remis à l'imprimeur ? Comment faire la
part des additions et du texte premier ? Autant de questions auxquelles il n'est pas possible de répondre.

Cartier est la plupart du temps mentionné à la
troisième personne (« le cappitaine »), quelquefois à la
première, surtout dans la troisième relation :

---

[17] On peut consulter sur ce sujet l'excellent article de Robert Le Blant,
« les Écrits attribués à Jacques Cartier », *Revue d'histoire de l'Amérique
française,* vol. XV, n° 1, juin 1961, p. 90-103.
[18] *Les Français en Amérique* . . . , p. 84, note 1.

> Le dit Agona ne montra aucun signe de déplaisir de tout ce discours : et *je* crois qu'il le prit ainsi en bonne part parce qu'il demeuroit seigneur et chef du païs par la mort de Donnacona (190).

> . . . et il y a une espèce d'arbre qui s'étend à plus de trois brasses qui est appelé par les gens du païs Hanneda lequel a plus excellente vertu de tous les arbres du monde, dont *je* ferai mention ci-après. De plus, il y a grande quantité de chênes les plus beaux que *j*'ai veus de ma vie . . . (191)

Le « il » habituel de Cartier n'a évidemment pas la « portée politique extraordinaire » que Michel Butor attribue au « il » de César[19]. Il est toutefois impensable que Cartier n'ait pas suivi de près la rédaction des journaux de bord, étant donné qu'ils allaient servir à piquer la curiosité du public lettré et surtout à susciter des appuis financiers indispensables de la part de la cour et des commerçants.

Il n'y a pas de différence notable de style entre la première relation et la deuxième, ainsi que l'a écrit Lionel Groulx : « Cette « seconde navigation » [...] ressemble singulièrement par le style et l'écriture à la première[20] ». Biggar pense que le noble breton Jehan Poulet pourrait être l'auteur des deux premiers voyages[21]. Cette hypothèse vraisemblable est reprise par Charles-André Julien : « On croit, en général, que Cartier n'est l'auteur ni de la *Relation* ni du *Brief Récit* qui seraient dus à Jehan Poulet qui occupa, en quelque sorte, la fonction de secrétaire de l'expédition et qui en profita pour exagérer son propre rôle[22] ».

[19] *Essais sur le roman*, p. 84.
[20] *La Découverte du Canada*, p. 135.
[21] *The Voyages of Jacques Cartier*, p. 149, 93.
[22] *Les Français en Amérique* . . . , p. 21.

La question de la paternité des relations reste embarrassante. On ne peut, en définitive, que souscrire au jugement éclairé de Marcel Trudel :

> Pour la relation du premier voyage, on ne peut prouver que Cartier en est l'auteur, non plus qu'on ne peut prouver qu'il ne le soit pas ; pour celle du second voyage, on croit généralement qu'elle serait du Breton Jehan Poullet ; quant à la relation partielle du troisième, il faut attendre la découverte du manuscrit qui a servi à Hakluyt[23].

S'il est impossible de trancher la question de la paternité, il est toutefois permis de supposer que les relations furent écrites d'une manière définitive peu de temps avant leur publication. Or, il s'est écoulé neuf ans entre la fin du deuxième voyage et la parution du *Brief Récit* en 1545 . . . Le temps de l'écriture est probablement de beaucoup postérieur à celui de l'aventure. Ce sont des constatations d'ordre narratif qui amènent cette conclusion : les formules d'anticipation (prolepses), lesquelles ont d'ailleurs part à une certaine tension dramatique, les toponymes donnés avant même la description ou le récit qui les expliquent, la description des moeurs hochelagéens qui précède le récit de l'accueil, les finales de chapitre qui annoncent le contenu des suivants . . .

Ainsi, le narrateur annonce un chapitre sur le remède miraculeux. Mais un autre chapitre s'intercale : il décrit brièvement les rigueurs de l'hiver et annonce à son tour le même chapitre sur les vertus du cèdre blanc. Le même chapitre est donc annoncé deux fois et sensiblement dans les mêmes termes emphatiques :

---

[23] *Jacques Cartier*, p. 17.

> ... si Dieu, par sa bonté infinye et miséricorde, ne nous eust regardé en pityé, et donné cognoissance d'un remedde contre toutes maladies, le plus excellant qui fut jamays veu, ny trouvé sus la terre, ainsi qu'il sera faict mention en ce chappitre (170).

> Mays Dieu, Sa saincte grace, nous regarda en pityé, et nous envoya la cognoissance et remedde de nostre garison et santé, de la sorte et manyère qu'il sera dict en ce chappitre ensuyvant (171).

Ce singulier dédoublement textuel, comment l'expliquer ? Ne montre-t-il pas que le transcripteur, en fusionnant différentes versions, devant l'importance de l'épisode scorbutique, a voulu fournir des détails supplémentaires ? La description des symptômes scorbutiques et de l'autopsie du jeune Philippe Rougemont surprend d'ailleurs par son caractère quasi scientifique :

> car les ungs perdoyent la soustenue [leurs forces] et leur devenoyent les jambes grosses et enfflées, et les nerfz retiréz et noirciz comme charbon, et aucunes toutes semées de gouttes de sang comme pourpre ; puys montoyt ladicte maladie aux hanches, cuysses, espaulles, aux braz, et au col (168).

> Pareillement avoyt la ratte par devers l'eschine, ung peu entamée, envyron deulx doidz, comme si eust esté frottée sus une pierre rudde (169).

Ces deux pages morbides, tout à fait dans le goût du temps, furent certainement écrites bien après les événements puisque, si l'on en croit la narration, tout l'équipage était moribond en février 1536 : « de cent dix hommes que nous estions, il n'y en avoyt pas dix sains, tellement que l'un ne pouvoyt secourir l'aultre, qui estoit chose piteuse à veoyr, conscidéré le lieu où nous estions (168) ». Pendant ces mois d'agonie collective, on songeait davantage aux psaumes de David qu'à la consignation rigoureuse des faits. Pourtant, les descriptions symptomatiques sont singulièrement précises et dénotent même une certaine complaisance. Il y a de toute évidence une volonté de frapper l'imagination, peut-être même d'épater les médecins de Montpellier et de Louvain, évoqués avec esprit un peu plus loin. Cette recherche esthétique de l'effet ne peut être que largement postérieure aux faits.

## 3. Nouveaux mondes

> « [Le Brésil], pour les raisons que j'ai amplement déduites, peut bien être appelé monde nouveau à notre égard. »
>
> *Journal de bord de Jean de Léry en la terre de Brésil*, p. 202.

Lorsqu'on aborde les récits de voyage de la Renaissance, on est tout de suite frappé par la fréquence du mot *nouveau*. Ainsi, suivant un document d'époque, on croit que Jacques Cartier est capable, en considération de ses précédents voyages, de découvrir des « terres nouvelles dans le nouveau monde[1] ». Un examen sommaire des titres suffit pour nous convaincre de la fascination qu'exerce le mot *nouveau* à l'époque des voyages d'exploration : *Sensuit le Nouveau Monde, Histoire du Nouveau Monde . . .*[2] « Comme les Anciens ne connaissaient du monde que l'hémisphère où sont l'Europe, l'Asie et l'Afrique, on appelait celui-ci le *Monde*. La découverte d'un autre hémisphère amena à distinguer ce *Nouveau Monde* de l'*Ancien Monde*[3] ».

[1] Voir Lionel Groulx, *la Découverte du Canada*, p. 101.
[2] Voir la liste chronologique des ouvrages géographiques de la Renaissance dans Geoffroy Atkinson, *les Nouveaux Horizons de la Renaissance française*, p. 433 ss.
[3] François de Dainville, *le Langage des géographes*, p. 8.

Les nombreuses occurrences du terme *nouveau* dans la toponymie de la Renaissance voyageuse indiquent que les horizons géographiques et mentaux s'élargissent considérablement :

> nouveaux mondes, nouvelles Espagnes, nouvelles Frances, le vocabulaire, qui persiste longtemps à désigner sous ces vocables les terres lointaines où s'installent les Européens, témoigne d'une nouvelle façon d'estimer les distances et le monde[4].

On croit que le créateur de l'expression « Nouveau Monde » est l'Italien Pierre Martyr d'Anghiera. En 1493, le chroniqueur espagnol affirmait avec enthousiasme que Christophe Colomb avait découvert un *nouveau monde*. Son *De orbe novo Decades*, dédié à Léon X, fut publié à partir de 1511. Mais cette pittoresque compilation, qui résume l'état des connaissances géographiques du temps, ne fut partiellement traduite en français qu'en 1532. Si bien que l'expression « Nouveau Monde » pourrait avoir été diffusée en France par Amerigo Vespucci. Son *Nouveau Monde et Navigations*, basé sur une lettre écrite à Laurent de Médicis, parut à Paris dès 1503 et bénéficia de cinq éditions dans le premier quart du XVIe siècle.

L'expression Terre Neuve serait encore plus ancienne que l'expression Nouveau Monde. En 1473, le capitaine açoréen Joao Vaz Corte-Real « aurait identifié une *Terre nova dos bacalhaos*, « Terre neuve des morues », qui pourrait être soit Terre Neuve, soit le Labrador, soit le Groenland[5] ».

---

[4] Robert Mandrou, *Introduction à la France moderne*, p. 94.
[5] Jean Delumeau, *la Civilisation de la Renaissance*, p. 63. *Nova Gallia* apparaît en 1524 ; *Nouvelle France*, en 1529. Voir Marcel Trudel, *Histoire de la Nouvelle-France*, I, p. 33, 53, 62.

Au début de sa première relation, Cartier montre qu'il est lui-même sensible au champ sémantique de *nouveau*. Au cours de son exploration du golfe, bien qu'il ne pénètre pas profondément dans les terres, il est tout de suite frappé par l'aspect rébarbatif du littoral labradorien. C'est alors qu'il corrige le toponyme Terre Neuve qui, pour les Espagnols et les Portugais, identifiait une vague région s'étendant au nord des territoires découverts[6] :

> Si la terre estait aussi bonne qu'il y a bons hables, se serait ung bien ; *mais elle ne se doibt nommer Terre Neuffce*, mais pierres et rochiers effrables [effrayants] et mal rabottéz ; car en toute ladite coste du nort, je n'y vy une charetée de terre, et si descendy en plusseurs lieux (87).

La fréquence du terme *nouveau* dans les récits de voyage, dans la tradition morutière et cartographique témoigne-t-elle d'une conscience claire de la découverte d'un monde inconnu ? La question est délicate et complexe, de nos jours les jugements varient.

Distinguons d'abord entreprises privées et missions officielles. Celles-ci pouvaient susciter une prise de conscience de la « nouveauté » mais non celles-là : leur motivation était uniquement commerciale. Il s'en faut, par ailleurs, que les pilotes royaux aient toujours eu une conscience nette des résultats de leurs explorations. Pour les navigateurs de la Renaissance, le Nouveau Monde n'était pas nécessairement un autre continent ; il impliquait des constatations astrono-

---

[6] Au début du XVIIe siècle, Marc Lescarbot fournira d'utiles éclaircissements sur le nom de Terre-Neuve : « ce mot est particulier aux terres plus voisines de la France és Indes Occidentales, lesquelles sont depuis les quarante jusques au cinquantiéme degré. Et par vn mot plus general on peut appeler Terre-neuve tout ce qui environne le Golfe de Canada, où les Terre-neuviers indifferemment vont tous les ans faire leur pecherie . . . » *Histoire de la Nouvelle-France*, vol. II, p. 394.

miques autant que de nouvelles terres, car le Nouveau
Monde fut d'abord sidéral.

On sait que les explorateurs du littoral américain
se sont toujours crus en Extrême-Orient, dans quelque
archipel situé aux environs de Cypango et du Cathay,
région imprécise que les Anciens avaient imaginée,
pressentie, peut-être connue. Dans cette perspective, le
Nouveau Monde n'était aux yeux des capitaines qu'une
étape sur la route  de l'or et des épices. On ne s'intéressait pas nécessairement au Nouveau Monde pour
lui-même : « pendant des décennies, indique Marianne
Mahn-Lot, l'effort des pilotes se [portait] sur la recherche de « passages » permettant de contourner ou
·de traverser les masses continentales déjà découvertes,
dans le dessein d'atteindre cet Extrême-Orient con-
voité[7] ». Les documents officiels, notamment les licen-
ces de navigation, semblaient donner au mot « découvrir » le sens d'« explorer », car on découvrait moins
qu'on ne redécouvrait des terres autrefois connues des
Anciens : la « découverte » impliquait « non pas l'idée
d'une nouveauté totale, mais un « dévoilement » de ce
qui était jusqu'alors « couvert », caché au monde chrétien[8]. »

Quant à l'expression « autre monde », plus rare
sous la plume des voyageurs, elle aurait parfois identifié
la *terra incognita*, « figurée sur la mappemonde de
Ptolémée comme un grand arc de cercle qui relierait la
péninsule indochinoise au sud de l'Afrique[9] ». Toutefois, un Rabelais ou un Montaigne ne semblaient pas
faire la différence entre le Nouveau et l'Autre Monde.

---

[7] *La découverte de l'Amérique*, p. 59. Le présent développement s'inspire
largement, sauf pour les hypothèses finales, de l'excellente mise au point
de Marianne Mahn-Lot.
[8] *Ibid.*, p. 116.
[9] *Ibid.*, p. 114.

Si donc il y eut prise de conscience de la « nouveauté » des terres « nouvellement trouvées », elle fut

> lente et progressive, tant les esprits restaient comme englués dans le respect littéral de la Bible et de la science de l'Antiquité païenne. [...] Dans l'ensemble on peut dire que le contact avec le Nouveau Monde n'a pas produit chez les Français et les Anglais de choc spirituel et intellectuel comparable à celui des Espagnols et cela pour plusieurs raisons : ils ne sont pas les premiers à aborder aux rivages américains ; ils n'ont de connaissance directe que de populations encore non civilisées ; enfin et surtout peut-être, ils ne se croient pas investis, comme les Castillans, d'une mission avant tout religieuse[10].

Mais comment être certain sur ce chapitre ? Il serait étonnant que toutes les manifestations d'un choc engendré par la découverte de l'Amérique soient évidentes. Les traces d'une révolution mentale ne sont pas facilement discernables. Tout n'est évidemment pas dit dans les relations de voyage : il faut compter avec les ellipses, les silences, il faut pressentir les émotions derrière les « ils sont nus », les « suivant leur coutume » qui laissent à penser que le Nouveau Monde fut moins une entité géographique qu'une réalité ethnographique. Le nouveau continent fut aussi — peut-être surtout — culturel.

Une première équivoque s'installe par suite de la vogue que connaissent les expressions Terres Neuves, Nouveau Monde, Nouvelles Espagnes, Nouvelle France : dans quelle mesure peut-on concilier l'ancien monde et le nouveau ? Le proche univers et le lointain ? Comment la France peut-elle être nouvelle et en même temps rester la France ? Les voyages d'explo-

---

[10] *Ibid.*, p. 91, 93.

ration conduisent moins à la découverte de la Terre
qu'à celle d'un autre monde, sinon d'une autre planète.
« Les deux mondes, note Alphonse Dupront, ce sera
longtemps l'image juxtaposante de l'unité de la
terre[11] ».

Dès l'époque des grands voyages, l'expression
« autre monde » envahit la littérature. Elle revient deux
fois dans l'épisode du *Pantagruel* où Rabelais effectue
un voyage dans la bouche de son héros, antre qu'il
compare aussi au Nouveau Monde[12]. Et Montaigne
observera de son côté :

> Nostre monde vient d'en trouver un autre (et qui
> nous respond si c'est le dernier de ses frères,
> puis que les Daemons, les Sybilles et nous, avons
> ignoré cettuy-cy jusqu'asture ?) non moins
> grand, plain et membru que luy, toutesfois si
> nouveau et si enfant qu'on luy apprend encore
> son a, b, c ; il n'y a pas cinquante ans qu'il ne
> sçavoit ny lettres, ny pois, ny mesure, ny veste-
> ments, ny bleds, ny vignes. Il estoit encore tout
> nud au giron, et ne vivoit que des moyens de sa
> mere nourrice[13].

En lisant un essai comme « Des Cannibales », on
est d'ailleurs étonné de voir avec quelle apparente maî-
trise Montaigne traite la découverte des Indes nouvelles. L'essai, qui, selon Pierre Villey, date de 1578, est
un éloge rayonnant de la nature à partir d'une découverte concrète, celle du Nouveau Monde. Trop
heureux d'oublier pour un moment son milieu et son
époque, Montaigne décrit avec sympathie les moeurs
des Indiens d'Amérique. Une boutade au début, une

[11] « Espace et humanisme », *Bibliothèque d'Humanisme et Renaissance*, 1946, p. 22.
[12] *Pantagruel*, XXXII, p. 423.
[13] *Essais*, III, VI, p. 156.

autre à la fin[14] cernent l'essai et lui donnent le ton.
L'assurance de Montaigne étonne, qui contrôle parfaitement l'événement de la découverte. Sa lecture des
historiens Gomara, Benzoni, Osorio est tout à fait
sereine. Son esprit est particulièrement bien disposé à
accueillir une civilisation lointaine dont les habitants
sont, pour reprendre l'expression de Michel Butor,
« les véritables frères [des] anciens[15] ». C'est avec bonne
humeur que l'essayiste lie la découverte au phénomène
de la dérive des continents. Il accepte tous les bouleversements « naturels », tous les « mouvements fiévreux, en ces grands corps comme aux nostres[16] »,
comme il accepte de ne pas vivre à Athènes avec
Socrate, comme la Boétie acceptait de ne pas vivre à
Venise. Le monde n'a pas éclaté, il s'est légèrement
décousu, « comme on tient que la mer a retranché la
Sicile d'avec l'Italie[17] ». D'ailleurs, si certaines terres
ont été séparées « vasta convulsa ruina[18] », d'autres ont
été unies par les soins d'une nature compensatrice.

Mais ne nous y trompons pas, l'ancien monde et le
nouveau ne se concilient pas si facilement pour tous.
Montaigne lui-même saisit bien la portée immense des
« nouvelletés » géographiques. Son détachement critique ne l'empêche nullement de sentir que l'Autre
Monde se présente comme une menace à l'unité traditionnelle de la respublica christiana[19], déjà déchirée par
le schisme réformé :

---

14 « Tout cela ne va pas trop mal : mais quoy, ils ne portent point de haut
de chausse ! » *Essais*, I, XXXI, p. 273.
15 Présentation du premier livre des *Essais*, p. XLIII.
16 *Essais*, I, XXXI, p. 258.
17 *Loc. cit.*
18 « Par un violent et vaste éboulement ». Virgile, *Énéide*, III, 414 ; cité par
Montaigne, *loc. cit.*
19 Voir Myron P. Gilmore, « le Droit à la domination et l'unité de la Chrétienté », *le Monde de l'humanisme*, p. 59-65.

> Plus peut-être que la découverte de l'Antiquité,
> où, durant longtemps, on n'avait guère pris que
> ce qui s'accordait avec les dogmes chrétiens, la
> découverte des nouveaux mondes a contribué à
> troubler les esprits et à rendre possible la phi-
> losophie désabusée de la fin du siècle[20].

La plupart des voyageurs et des penseurs de la Renaissance ont eu une attitude ambivalente à l'égard de
la « descouverture des terres occidantalles » (115) : acceptation mais en même temps refus. Il fallait assimiler
de nouvelles données, géographiques et ethnographiques, qu'introduisaient les voyages d'exploration, ce
qui n'était pas aisé. L'intégration de valeurs neuves par
la pensée européenne impliquait une ouverture d'esprit
qui n'était pas courante à l'époque, une mutation radicale du champ réflexif.

---

[20] Raoul Morçay et Armand Müller, la *Renaissance*, p. 416.

## 4. Analogies*

> « J'ay honte de voir noz hommes enyvrez de
> cette sotte humeur, de s'effaroucher des
> formes contraires aux leurs : il leur semble
> estre hors de leur element quand ils sont
> hors de leur vilage. Où qu'ils aillent, ils se
> tiennent à leurs façons et abominent les es-
> trangeres. [...] La plupart ne prennent l'aller
> que pour le venir. »
>
> Montaigne, *Essais,* III, p. 252.

Il est bien difficile de lire une page de Cartier
sans être frappé par le grand nombre de comparaisons
qui y fleurit. La comparaison, dit le dictionnaire, tente
de « rapprocher des personnes ou des choses de nature
ou d'espèce différentes ». À chaque page, le narrateur
met en balance le Nouveau Monde et l'Ancien, non
pour les opposer mais pour les identifier. On peut toutefois douter de l'authenticité de cette assimilation, car
le « comme » pourrait bien accentuer les écarts autant
que les similitudes.

_____

* Ce chapitre a fait l'objet, dans une version légèrement différente, d'une
communication au XXVIe Congrès de l'Association Internationale des
Études Françaises, en juillet 1974.

Le 21 mai 1534, les navires de Cartier sont « portéz au nort », jusqu'à l'île des Oiseaux (aujourd'hui Funk Island), « toute avironnée et circuitte [ entourée ] d'un bancq de glasses, rompues et départies par pièces (80) ». Malgré la banquise, les deux navires s'approchent de l'île « pour avoir des ouaiseaulx, desqueulx y a si grant numbre, que c'est une chose incréable, qui ne le voyt . . . » On y trouve des grands pingouins, des pingouins communs et des fous de Bassan. Les pêcheurs s'en nourissent à l'occasion, ce qui les dispense de faire d'encombrantes provisions de viande dans les ports européens. Comment Cartier procède-t-il pour décrire ces espèces de volatiles inconnues de ses contemporains ? Tout simplement en les comparant avec une faune familière. Les grands pingouins, espèce que l'on dit aujourd'hui disparue, sont

> grans comme ouays, noirs et blancs, et ont le bec comme ung corbin [ corbeau ]. Et sont toujours en la mer, sans jamais povair [ pouvoir ] voller en l'air pource qu'ilz ont petites aesles, comme la moitié d'une main ; de quoy ilz vollent aussi fort dedans la mer, comme les aultres ouaiseaulx font en l'air. Et sont iceulx ouaiseaulx si gras, que c'est une chosse merveilleuse. Nous nonmons iceulx ouaiseaux, *Apponatz*, desquelz noz deux barques en chargèrent, en moins de demye heure, comme de pierres, dont chaicun de noz navires en sallèrent quatre ou cinq pippes, sans que nous en peumes mangier de froys (81).

Les grands pingouins sont grands *comme* des oies ; ils ont le bec *comme* celui d'un corbeau[1] ; ils ont de

---

[1] On retrouve la même comparaison sous la plume de Pigafetta : les pingouins du Rio de la Plata « ont le bec comme un corbeau ». *Premier voyage autour du monde*, p. 100.

petites ailes *comme* la moitié d'une main[2] ; ils « vollent »
dans la mer *comme* les autres oiseaux dans le ciel. Faire
voir à l'esprit des contemporains de Cartier une espèce
d'oiseaux inconnue, tel est le but évident de ces quatre
comparaisons très rapprochées. Elles sont essentiellement utilitaires, référentielles ; elles n'ont aucune pré-
tention esthétique. De plus, aucune angoisse, apparemment, ne transparaît dans le passage : c'est sereinement
que le Nouveau Monde est mis en parallèle avec l'Ancien. Dans la mesure où elles se présentent comme de
nouveaux assemblages d'objets déjà connus, les réalités
« desquelz il n'est mémoire d'homme avoyr veu ny ouy
(130) » sont assimilables. Le Nouveau Monde offre aux
regards des explorateurs son étonnante collection de
monstres, de « grotesques[3] » que le narrateur s'efforce
de présenter comme des créations analogues à des
modèles connus.

Les opérations comparative et nominative (« Nous
nonmons iceulx ouaiseaulx *Apponatz*) visent à contrô-
ler psychologiquement la « chose merveilleuse », qui
est en même temps acceptée comme telle. La chose est
« merveilleuse », étonnante, mais elle est quand même
susceptible d'être annexée par l'Ancien Monde sans secousse. Du moins extérieurement, car intérieurement,
profondément, qui sait si la conscience européenne
n'est pas déjà ébranlée ? Au plan strictement rhétorique, il y a ambiguïté.

---

[2] Sur le caractère anthropocentrique de la langue géographique, voir
François de Dainville, *le Langage des géographes,* p. 322-323. Dans les relations de Cartier, on note l'étonnement et la joie de retrouver si loin non
seulement des réalités familières, mais encore un paysage « humain » :
« Cestedite ille [Brion] est la meilleure terre que nous ayons veu, car ung
arpant d'icelle terre vault mielx que toute la Terre Neufve. Nous la trou-
vames plaine de beaulx arbres, prairies, champs de blé sauvaige et de poys
en fleurs, aussi espès et aussi beaulx, que je vis oncques en Bretaigne,
*queulx sembloict y avoir esté semé par laboureux* (92) ».
[3] Voir Montaigne, *Essais,* I, XXVIII, p. 232.

> Le « comme » (et ses dérivés), lit-on dans la *Rhétorique générale,* insiste sur le caractère partiel de la similitude et nuit par conséquent à l'affirmation d'une totale commutabilité. [...] Ces termes introduisent l'*analogie,* qui n'est rien d'autre qu'une équivalence faible, groupant des individus n'ayant que peu de caractères communs[4].

Le nombre prodigieux de comparaisons dans un discours comme celui de Cartier ne peut pas ne pas être significatif. D'où l'hypothèse que la figure comparative, outre qu'elle est un mode de connaissance, témoigne d'une volonté secrète de mettre en doute la différence, l'altérité. Pourquoi ce refus ? Peut-être parce qu'au-delà de la sérénité apparente, il y eut secousse.

Cette simple hypothèse vise à mettre en doute la thèse de la sérénité, l'affirmation courante suivant laquelle la découverte et l'exploration du Nouveau Monde n'auraient engendré chez les voyageurs du XVIe siècle aucune inquiétude, aucun bouleversement mental. Peut-être est-il possible de dépister au niveau rhétorique des articulations révélatrices d'un choc. Les interrogations explicites de Montaigne étaient peut-être latentes dans les récits de voyage qui précédèrent les *Essais.*

L'attitude de Cartier reste identique lorsqu'il s'agit de décrire le pingouin ou le fou de Bassan. Le narrateur observe que les *godez* (pingouins communs) se réfugient volontiers sous les *apponatz* (grands pingouins) et sous les *margaulx* (fous de Bassan), qu'ils « se mettent à part des aultres, en une partie de l'isle, [et] sont fort mauvais à assallir ; car ilz mordent *comme* chiens ; et

---

[4] *Rhétorique générale,* p. 115.

sont *nomméz* margaulx (81) ». Surviennent des ours,
« desqueul noz gens en trouvent ung, grant *comme* une
vache, aussi blanc *comme* ung signe, qui saulta en la
mer davent eulx. » Le lendemain, les marins capturent
un de ces ours, « la chair duquel [est] aussi bonne à
manger *comme* d'une génisse de deux ans ».

Étant donné le nombre considérable de comparaisons que nous trouvons dans les relations de Cartier,
il a paru nécessaire de les classer.

Il y a d'abord les comparaisons qui visent essentiellement, comme nous l'avons vu plus haut, à l'utile.
C'est la fonction référentielle qui prédomine. Un îlot,
près du havre Saint-Servan où une première croix est
érigée, est « rond comme ung four » (86). La coiffure
des Micmacs évoque « une pougnye de foin teurczé
[poignée de foin tressé] (87) ». Des îles sont « rondes
comme coulonbiers (89) ». Il arrive que la comparaison
concilie le cognitif et l'esthétique : ainsi, les Îles-aux-
Oiseaux sont « aussi plaines de ouaiseaux que ung pré
de herbe (91) ». Les images poétiques sont toutefois oc-
casionnelles, le narrateur préférant les comparaisons
simples et efficaces. Les morses de l'île Brion sont
« comme grans bouffz [boeufs], quelles ont deux dans
[dents] en la gueule, *comme* dans d'olifant [éléphant],
qui vont en la mer (92). » La montagne Sainte-
Geneviève est « faicte comme ung tas de blé (123) » ; la
rivière Moisie est « aussi doulce que eau de fontaine
(127) ». Lors du deuxième voyage, entre l'île aux Lièvres et l'île aux Couldres, Cartier et ses compagnons
font la connaissance d'une sorte de poissons inconnue,
les dauphins, qui vivent « entre la mer et l'eau doulce » :

> Lesdictz poissons sont aussi gros *comme*
> morhoux [marsouins] sans avoir aucun estocq

[pointe], et sont assez faitz par le corps et teste *de la façon* d'un lévrier, aussi blancs *comme* neige, sans avoir aucune tache, et y en a moult grand nombre dedans leditc fleuve, qui vivent entre la mer et l'eaue doulce. Les gens du pays les nomment *adhothuys* ; et nous ont dict qu'ilz sont fort bons à manger ; et si nous ont affermé n'y en avoyr, en tout ledict fleuve, ny pays, que en cest endroyt (130).

On ne s'étonnera pas qu'un observateur appartenant à un siècle particulièrement guerrier se serve à l'occasion des armes européennes pour illustrer les réalités d'outre-mer : les palissades du village d'Hochelaga sont « de la haulteur d'envyron deux lanses (147) » ; les habitants de Stadaconé labourent la terre « avecques petitz boys, comme de la grandeur d'une demye espée (158) ». Le narrateur accumule ainsi jour après jour les comparaisons pour le bénéfice des lecteurs curieux de l'Ancien Monde ; il tente de rendre plus familières, moins insolites, des réalités géographiques, ethniques et fauniques qu' « il n'est mémoire d'homme avoyr veu ny ouy ».

Plusieurs comparaisons visent par-dessus tout à réduire les distances géographiques. Voici un extrait de la deuxième relation :

Auprès d'icelly lieu y a ung peuple dont est seigneur ledict Donnacona, et y est sa demeurance, lequel se nomme Stadaconé, qui est aussi bonne terre qu'il soit possible de veoyr, et bien fructifférante, plaine de moult beaulx arbres, de la nature et sorte de France, comme chaisnes, hourmes, frennes, noyers, prunyers, yfz, seddrez, vignes, aubespines, qui portent le fruict aussi groz que prunes de Damas, et aultres arbres, soubz lesquelz croist de aussi bon chanvre que celuy de France, lequel vient sans semance ny labour (133).

Les différentes étapes qui conduisent à l'annexion des données étrangères se trouvent réunies dans ce passage : un superlatif (» une aussi bonne terre qu'il soit possible de voir ») qui manifeste l'émerveillement ; une énumération (chênes, ormes . . .) qui exprime le souci de prendre possession de chaque composante du paysage une à une, tout en donnant libre cours à la curiosité ; enfin, le rapprochement des réalités lointaines avec des réalités connues : prunes de Damas, chanvre de France. Hyperbole, énumération et comparaison, trois figures qui servent une stratégie annexionniste. Car enfin voilà un paysage bien rassurant puisqu'il est somme toute « de la nature et sorte de France ». L'expression Nouvelle-France doit ici être prise à la lettre : on explore là-bas une réplique de la mère patrie.

Il n'est pas jusqu'au « chemyn de Canada » qui ne rappelle irrésistiblement un cours d'eau français : « Il y a aussi grand courant es envyrons de ladicte ysle [île aux Couldres], comme davant Bordeaulx à flux et reflux (130). » À proximité d'Hochelaga, le voyageur s'émerveille de trouver des chênes « aussi beaulx qu'il y ait en forestz de France, soubz lesquelz [est] toute la terre couverte de glan (145) ». Gilbert Chinard a bien remarqué que « Cartier semble avoir transporté dans le Nouveau Monde les paysages de la Normandie[5] ». Sans doute aussi un peu de sa Bretagne natale . . . Après l'arrêt à Hochelacy (Portneuf), en septembre 1535, Cartier dénombre les oiseaux :

Il y a pareillement force grues, signes, oultardes, ouayes, cannes, allouettes, faisans, perdrix,

---

[5] *L'Exotisme dans la littérature française*, p. 41.

> merles, mauviz, turtres, chardonnereulx, serins, lunottes, rossignolz, [passes solitaires], et aultres oiseaulx, *comme en France* et en grande habondance (142).

Après son premier séjour dans la capitale iroquoise, en octobre de la même année, Cartier procède à ce que Marcel Trudel a pertinemment appelé « une récapitulation géographique[6] » ; le marin observe alors que sur les rives de la « grande rivière » il y a aussi un

> grand numbre d'oiseaulx, savoir : grues, oultardes, signes, oayes, sauvaiges, blanches et grises, cannes, cannardz, merles, mauvys, turtres, ramyers, chardonnereulx, tarins, seryns, lunottes, rossignolz, passes solitaires, et aultres oiseaux *comme en France* (165).

On aura noté que l'ordre dans lequel se succèdent les noms d'oiseaux est assez semblable, comme si le narrateur se référait à un modèle énumératif auquel il se contentait d'apporter quelques variantes. Habitude ou fantaisie de copiste ? La même question se pose à propos des énumérations d'arbres qui présentent une certaine conformité. Quoi qu'il en soit, le Nouveau Monde, discrètement, arrive parfois à imposer son propre système de références : à la Baie de Gaspé, il « croît gros mil, comme pois, ainsi qu'au Brésil (146) ». Il y a trois autres comparaisons avec le Brésil : elles ont toutes rapport au blé, sauf une. Encore plus intéressant est le fait que, dès le premier voyage, tel littoral du golfe est opposé à tel autre littoral du même golfe : les rives de l'île Brion et du cap du Dauphin, que Cartier associe au « commancement des bonnes terres », sont comparées avantageusement à la terre de Caïn : « ung arpant d'icelle terre vault mielx que toute la Terre

---

[6] *Jacques Cartier*, p. 70

Neufve (92) ». Peu à peu la Nouvelle-France se libère
de l'ancienne pour faire accepter ses propres contrastes
et affirmer son originalité.

Considérons enfin un autre type de comparaisons :
socio-culturelles ou ethnographiques. De loin les plus
nombreuses, elles concernent évidemment les Amérindiens. Elles tentent — pas toujours heureusement,
on s'en doute — de rapprocher les civilisations européenne et amérindienne. L'échec de la comparaison
est ici plus évident.

Le sommet de la civilité, c'est, bien entendu, de se
comporter en Européen. Ainsi, Cartier apprécie particulièrement que les Montagnais viennent « aussi fran-
chement à bort de noz navires comme s'ilz [étaient]
françoys (111) ». En face de l'altérité intégrale, Cartier
semble partagé entre deux sentiments, le respect et l'ir-
respect, l'acceptation et le refus. Plus il prend conscience de la « mauvaistié » des Amérindiens, plus il
cherche à leur imposer ses propres schèmes sociaux.
C'est qu'il est évidemment incapable de saisir le
modèle de comportement, pour parler comme l'anthropologue Sapir, le *pattern* qui appartient en propre à la
société amérindienne :

> Essayez de décrire minutieusement un groupe
> indigène qui se livre à une activité dont vous
> n'avez pas la clé — un rite religieux, par
> exemple. Avec du talent, vous peindrez agréa-
> blement ce que vous voyez ou ce que vous
> croyez voir ; mais ce sera inacceptable, inintel-
> ligible, pour les indigènes. Vous trahirez[7].

Au cours de son premier voyage, le 24 juillet 1534,
Cartier fait ériger une grande croix sur la pointe Pe-

---

[7] Edward Sapir, *Anthropologie*, p. 37.

nouille (Gaspé), prenant de cette façon possession d'un territoire dont il n'a pourtant exploré qu'une bien faible partie. La cérémonie terminée, le chef Donnacona suit les Français pour exprimer son déplaisir.

> Nous estans retournéz en noz navires, vint le *cappitaine* [Donnacona] vestu d'une vieille peau d'ours noire, dedans une barque, aveques trois de ses filz et son frère, lesquelz ne approchèrent si près du bort comme avoyent de coustume, et nous fit une grande harangue, nous monstrant ladite croix, et faisant le signe de la croix avec deux doydz ; et puis nous monstroit la terre, tout à l'entour de nous, comme s'il eust voullu dire, que toute la terre estoit à luy, et que nous ne devyons pas planter ladite croix sans son congé (106-107).

Ainsi, la première fois que Donnacona fait le signe de la croix devant Cartier, c'est pour désigner un symbole d'occupation. On constate également que le chef iroquois est promu au rang de capitaine, ce qui en fait — ou devrait en faire — l'égal de Cartier lui-même. Et cela, ironie du sort, précisément au moment où Donnacona indique à Cartier qu'il est en train de s'approprier le territoire amérindien. La « grande harangue » de l'indigène précède immédiatement le premier enlèvement d'Indiens, lequel, assez curieusement, est suivi d'un banquet amical et assorti d'une éclairante mise au point de la part des Français : « leurs montrasmes par signe, que ladite croix avoit esté plantée pour faire merche [marque] et ballise, pour entrer dedans le hable . . . (107) ». Ce qui est une demi-vérité, comme l'explique l'historien Marcel Trudel :

> Certes, nulle part le navigateur ne déclare qu'il a pris formellement possession du pays et aucun

texte contemporain ne se réclame d'une prise
formelle de possession ; quand même, cette
croix érigée avec une inscription en l'honneur
du roi de France équivaut nettement à une affirmation solennelle des droits de la France sur
cette terre.[8]

Aux abords de l'île d'Orléans, le 8 septembre 1535,
le seigneur de Canada, « nommé Donnacona en nom,
et l'appellent pour seigneur *agouhanna,* [vient] avecq
douze barques, accompagné de plusieurs gens, davant
noz navires . . . (132) ». Cartier distribue les titres de la
féodalité française aux Iroquois qui, pourtant, vivent
« quasi en communaulté de biens, assez de la sorte des
Brézillans (157) ». Mais *Seigneur* et *agouhanna* ne sont-
ils pas des titres équivalents, ainsi que le laisse entendre
le petit lexique joint à la relation ? Revenons à l'entre-
vue de l'île d'Orléans : « Et lors ledict cappitaine entra
dans la barque dudict *agouhanna,* et commanda que on
apportast pain et vin pour faire boire et manger ledict
seigneur et sa bande (132). » La bonne chère au service
de la diplomatie ! Lorsqu'un capitaine français rencontre un seigneur fraîchement naturalisé, quoi de plus
naturel que de partager avec lui le pain et le vin, déjà
« boisson-totem », pour reprendre l'expression de
Roland Barthes (*Mythologies,* p. 74) ?

Cartier dirige son galion, l'Émérillon, vers Hochelaga sans se préoccuper de l'opposition de Donnacona.
A Achelacy où il fait halte, le chef prévient Cartier des
dangers que présente le passage des rapides Richelieu :

là vindrent plusieurs barques à bort ; et entre
aultres, y vint ung grand *seigneur* du pays, lequel
fit ung grant sermon, en venant et arryvant à
bort, montrant par signes évidans, avecques les

[8] *Histoire de la Nouvelle-France,* I, p. 82.

> mains et aultres sérimonyes, que ledict fleuve
> estoit ung peu plus amont, fort dongereulx, nous
> advertissant de nous en donner garde. [...[
> Ledict capitaine festiva ledict *seigneur* et sa
> bande de ce qu'il peult, et lui donna aucun petit
> présent duquel remercia ledict *seigneur* le cappi-
> taine ; puis s'en allèrent à terre. (141)

Le capitaine Cartier parlemente donc avec « un
grand seigneur » qui, en plus de lui donner de précieux
conseils, lui offre deux de ses propres enfants. Le
Français honore le chef d'Achelacy dans la mesure où
il lui accorde un titre supérieur au sien ; il manifeste
toutefois une certaine incompréhension en appliquant
au groupe amérindien ses propres schèmes sociaux. Il a
la même attitude ambiguë devant les chefs d'Hochelaga :

> Et nous aians marché envyron lieue et demye,
> trouvasmes sus le chemin l'un des principaulx
> *seigneurs* de ladicte ville de Hochelaga, avecq
> plusieurs personnes (145).

Quelques pages plus loin, Cartier interrompt sa
description des moeurs et coutumes des Iroquois d'Hochelaga pour raisonner en Européen civilisé : « Tout
cedict peuple ne s'adonne que à labouraige et pes-
cherie, pour vivre ; car des biens de ce monde ne font
compte, pource qu'ilz n'en ont congnoissance...
(148) » Les Iroquois d'Hochelaga ne tiennent pas
compte des biens de ce monde parce qu'ils n'en ont pas
connaissance. Cela veut dire que s'ils les connaissaient,
ils en tiendraient compte. Car être civilisé, c'est tenir
compte des biens de ce monde. C'est sans doute à ce
louable enseignement que Cartier se croit destiné.
Qu'entend-il par « biens de ce monde » ? Il ne le précise
pas, mais il doit penser à l'or et à l'argent dont il vient
tout juste de parler en décrivant les colliers de porce-

laine que les Amérindiens fabriquent avec des coquil-
lages : « et de ce usent, comme nous faisons d'or et
d'argent ; et le tiennent le plus précieuse chose du
monde (148) ». Les Français et les Amérindiens s'op-
posent donc sur la notion de richesse, désaccord
fondamental.

Les observations de l'anthropologue Sapir sur l'incompréhension dont les Canadiens et les Américains
d'aujourd'hui font preuve à l'égard des Indiens de la
côte Ouest de la Colombie britannique s'appliquent
très bien aux rapports équivoques qui prévalaient au
XVIe siècle, entre Français et Iroquois :

> Le concept de richesse que nourrissent ces
> Indiens est [...] sensiblement différent du nôtre ;
> cette différence ne concerne pas seulement le
> modèle de la richesse, mais l'ensemble de tous
> les modèles des deux communautés où il s'ins-
> crit. Étant donné l'importance de cette diffé-
> rence, il serait futile d'interpréter l'activité éco-
> nomique d'une des communautés en fonction de
> l'économie extraite du mode de vie de l'autre
> communauté[9].

On sait que Cartier et ses compagnons sont ac-
cueillis très chaleureusement par les indigènes d'Hochelaga. De nouvelles références au monde européen
apparaissent alors : les marins bretons apprennent que
les « Canadians » de Stadaconé et du Saguenay sont les
«subgectz, avec VIII ou IX aultres peuples qui sont sur
ledict fleuve », des Hochelagéens (148). Au centre du
village,

> les hommes firent retirer les femmes, et se assi-
> rent sus la terre, à l'entour de nous, *comme si*

⁹ Sapir, *op. cit.*, p. 48.

> *eussions voullu jouer ung mistère.* Et tout inconti-
> nent revindrent plusieurs femmes, qui appor-
> tèrent chascune une natte carrée, *en façon de ta-
> pisserye* et les estandirent sus la terre, au milieu
> de ladicte place, et nous firent mectre sus icelles
> (149).

Assujettissement d'un peuple à un autre, mystère,
tapisserie, autant de réalités indigènes qui sont perçues
à travers le prisme de l'idéologie européenne. Quelque
vingt ans plus tard, le jeune pasteur Jean de Léry appel-
lera « paroisses » les premiers villages brésiliens qu'il
visitera[10]. Mais voici l'homme blanc de Saint-Malo
faisant enfin la rencontre du « Roi et seigneur » d'Hochelaga :

> Après lesquelles choses ainsi faictes fut apporté
> par neuf ou dix hommes, le *Roi et seigneur* du
> pays qu'ilz appellent en leur langue *agouhanna,*
> lequel estoit assiz sus une grande peau de serf ;
> et le vindrent poser dedans ladicte place, sus
> lesdictes nattes, au près du cappitaine, en nous
> faisant signe que c'estoit *leur Roi et seigneur*
> (149).

Mais tout seigneur ne risque-t-il pas un jour ou
l'autre d'encourir la disgrâce ? C'est précisément la dé-
faveur qui attend Donnacona et les siens lorsque
Cartier, craignant une « trahison », fait renforcer le fort
en octobre 1535 :

> Et lesdictz Donnacona, Taignoagny et dom
> Agaya, estans advertiz dudict renfort, et de la
> bonne garde et guet que l'on faisoit, furent cour-
> roucéz d'estre en la *male grace* du cappitaine ; et
> envoyèrent, par plusieurs foys, de leurs gens, fai-
> gnant qu'ilz fussent d'ailleurs, pour veoyr si on
> leur feroit desplaisir (161).

---

[10] *Journal de bord en la terre de Brésil,* p. 92.

Ainsi, par une sorte d'atavisme féodal, Jacques Cartier donne aux chefs amérindiens des titres auxquels la société européenne attache le plus grand respect et les plus grands privilèges. Dans les îles Molluques, Pigafetta, lui aussi, crut avoir affaire à des rois et à des seigneurs, voire à des barons et à des gouverneurs ![11] La généreuse distribution de titres nobiliaires a surtout pour effet de camoufler les différences socioculturelles. Malgré l'équivalence des désignations, on voit bien que l'explorateur breton boude le schéma social de l'Amérindien. Le seul fait d'orthographier Domagaya comme s'il s'agissait d'un prêtre séculier (dom Agaya) en dit long sur les tendances assimilatrices du narrateur — ou du copiste.

Que déduire de ces occurences comparatives ? Que si Cartier « découvre », ce n'est peut-être pas sans résistance, sans inquiétude, sans nostalgie, consciente ou inconsciente. Il hésite sans cesse entre le refus et l'acceptation des réalités nouvelles. Paraphrasant Montaigne, je dirais que souvent Cartier ne prend l'aller que pour le venir. Il nie d'une certaine façon le dépaysement en ayant recours à tout moment à des références européennes rassurantes. Comment ne pas se rappeler Pantagruel et ses compagnons ? Naviguant d'une île lointaine à une autre, il se retrouvent tout à coup dans une taverne qui, par le décor et les propos qu'on y tient, les ramène loin en arrière, au point de départ, là d'où ils sont partis, à Chinon.

Par l'usage étendu de la comparaison, Cartier cherche à atténuer les distances, qui ne sont pas seulement géographiques, entre deux mondes, l'ici européen et l'ailleurs amérindien, séparés par un Atlantique de préjugés. C'est sa façon de refuser jusqu'à un certain

[11] Voir *Premier Voyage autour du monde*, p. 134, 161, 177, 180.

point le voyage. Comme le Montaigne serein des « Canibales », Cartier s'emploie à recoudre, à réunifier le monde. De même que Rabelais compare les villes de fantaisie Laryngues et Pharyngues à Rouen et à Nantes[12], ainsi Cartier compare les réalités lointaines à celles de France. C'est un procédé unificateur qu'Éric Auerbach appelle le thème du « tout comme chez nous[13] » et qui concorde avec l'*épistémè* du XVIe siècle, telle que définie par Michel Foucault : « Chercher le sens, c'est mettre au jour ce qui se ressemble. La nature des choses, leur coexistence, l'enchaînement qui les attache et par quoi elles communiquent, n'est pas différente de leur ressemblance[14] ».

Cependant, le dévoilement des analogies intercontinentales cache sans doute un traumatisme profond, ainsi que l'a remarqué Alphonse Dupront, une « révolution silencieuse et vivante au coeur du XVIe siècle[15] », dont on n'a peut-être pas suffisamment tenu compte jusqu'à maintenant. D'ailleurs la thèse de Foucault oublie malheureusement qu'un Montaigne, comme l'a bien montré Yves Delègue, est autant sensible aux différences qu'aux ressemblances : « Plus que les similitudes, ce qu'il voit partout, c'est l'écart, le déchirement, la différence[16] ». Il ne fait aucun doute que la découverte officielle des « terres-neuves » américaines contribue à ébranler de façon irrémédiable l'unité traditionnelle : « L'esprit cherchait jusque-là à harmoniser dans l'unité, écrit Robert Lenoble, mainte-

[12] *Pantagruel,* chap. XXXII, p. 417 ss.
[13] Voir *Mimesis,* p. 267 ss.
[14] *Les Mots et les choses,* p. 44.
[15] « Espace et humanisme », *Bibliothèque d'Humanisme et Renaissance,* 1946, p. 23.
[16] « Philosophie et littérature au XVIe siècle », *Bulletin de la Faculté des lettres de Strasbourg,* décembre 1969, n° 3, p. 170.

nant c'est vers la variété qu'il se tourne et les origina-
lités irréductibles[17] ».

Et si la comparaison, en plus d'être un outil rhétorique précaire, était un mécanisme de défense, au
même titre que, par exemple, l'antiphrase ? La
représentation de l'inédit par le connu, de l'étonnant
par le banal ne viserait-elle pas essentiellement à
amortir l'émotion engendrée par la « nouvelleté » ? La
méthode comparatiste a ses limites : elle ne parvient
pas à dissimuler l'échec de la rencontre de deux civilisations radicalement différentes.

---

[17] *Histoire de l'idée de nature*, p. 280.

### 4.1. Toponymie

Dans les relations de Cartier, il n'y a pas que les comparaisons qui témoignent d'une découverte à la fois acceptée et refusée : la toponymie recèle la même ambiguïté.

Nommer constitue une opération fondamentale dans toute relation de voyage de la Renaissance. « L'explorateur, avant le conquérant, recouvre de sa langue la terre qu'il parcourt », écrit Michel Butor[18]. La désignation d'un lieu est un acte d'une grande portée dans les « succinctes narrations » de Cartier. Ainsi que le fait remarquer Léopold LeBlanc, « avec [Cartier] on prend possession du pays moins par les croix qu'il plante que par les noms qu'il donne[19] ». Quel est le sens de la nomination ? Donner un nom à chaque élément du paysage inédit, qu'il s'agisse d'un havre, d'une anse, d'une île, d'un cap ou d'une rivière, nommer souvent du même coup ses propres sentiments face à un paysage, c'est d'abord tirer les choses de l'obscurité sans nom, leur donner une existence, les posséder ; c'est aussi, par la médiation magique du toponyme, se mettre soi-même au monde.

Souvent un élément particulier du paysage retient l'attention de Cartier : le nombre étonnant d'îles ou leurs formes, le grand nombre d'oiseaux, le profil d'une montagne ou d'un cap, le climat, la présence inusitée

---

[18] « Le Voyage et l'écriture », dans *Romantisme,* n° 4, 1972, p. 13.
[19] *Histoire de la littérature française du Québec,* p. 45.

de noisetiers, de vignes ou de lièvres. Le détail frappant
suggère le toponyme qui décrit le lieu exploré tout en le
nommant. Le toponyme est alors directement lié au
réel observé, au référent. La réalité nouvelle est mise
en valeur pour elle-même, la découverte est, semble-t-
il, assumée.

Ainsi en va-t-il de *Toutes Isles,* ainsi nommées
parce que les îles « sont en grant nombre, qu'il n'est
possible les sçavoir nombréz (86) » ; des *monts de Granches,* sur la côte occidentale de Terre-Neuve, qui sont
« des terres à montaignes moult haultes et effarables ;
entre lesquelles y a une, apparoissante estre comme
une granche [grange] (88) » ; du *cap Pointu,* qui est « par
le hault de luy, tout rongné, et par le bas, vers la mer,
est apoincté [taillé en pointe] (89) », des *Coulonbiers,*
car les marins se trouvent « le travers d'une baye, plaine
de isles rondes comme coulonbiers (89)[20] » ; des *îles de
Margaulx,* car ces îles sont « aussi plaine de ouaiseaux
que ung pré en herbe, qui heirent [font leurs nids] au
dedans d'icelles isles ; dont la plus grande estoit plaine
de margaulx, qui sont blancs, et plus grands que ouays
(91) » ; des *îles Rondes,* de l'*île aux Couldres,* car dans
l'île « y a plusieurs couldres franches, que [nous] treuvasmes fort chargéz de nozilles, aussi grosses et de
meilleur saveur que les nostres, mais ung peu plus dures
(130) » ; de l'*île de Bacchus,* que « trouvasmes plaine de
fort beaulx arbres, comme chaisnes, hourmes, pins,
seddrez et aultres boys de la sorte des nostres ; et pareillement y treuvasmes force vignes, ce que n'avyons
veu, par cy davant, à toute la terre (134) » ; de l'*île aux
Lièvres,* « où trouvasmes grand nombre de Liepvres,
desquelz nous eusmes quantité (181) » ; de la *baye de
Chaleur,* car « [La] terre [des Micmacs] est en challeur

[20] Jean de Léry compare lui aussi une île du littoral brésilien pleine
d'oiseaux à un colombier. Voir *Journal de bord en la terre de Brésil,* p. 172.

plus tempérée que la terre d'Espaigne, et la plus belle qu'i soict possible de voir, et aussi eunye que ung estanc (102) ».

Il arrive encore que le toponyme soit directement lié à un incident

> Nous y fumes en pluseurs lieulx o [avec] nos barcques ; et entre les aultres, dedans une belle ripvière, de peu de fons, où vysmes des barcques de sauvaiges, qui traversoinct ladite ripvière, qui, pour ce, fut nommée *ripvière de Barcques* (95).

ou souligne l'espoir constant des voyageurs de trouver un passage : « Le cap de ladite terre du su fut nommé *cap d'Espérance* pour l'espoir que abvions de y trouvés passaige (99). »

Mais il arrive aussi que le toponyme soit un simple repère géographique. Les saints du calendrier sont alors bien utiles :

> Le premier cap fut nommé le *cap saint Pierre,* pour ce que le jour dudit sainct y arivames (94).

> Ledit capt fut nonmé le *capt saint Loys,* pour que ledit jour estoit la feste dudit saint . . . (108)

> Nous nommasmes ledict lieu *saincte Croix* pource que ledict jour y arrivasmes (133).

Ou alors c'est la préoccupation diplomatique qui souffle un nom au capitaine du roi :

> et pour ce que ç'estoit le jour monseigneur saint Jehan, le nommames *le cap sainct Jehan* (91).

Il luy a ung beau cap, que nommames *cap du Daulphin* (93).

Nous nommames celluy cap, *cap de Lorraine* . . . (182)

Dans cette distribution de prix, le découvreur aurait bien tort de s'oublier :

à une lieue plus à ouaist que ladite ripvière sainct Jacques, lequel je pencze l'un des bons hables du monde ; et iceluy fut nommé *le hable Jacques Cartier* (87).

Achelacy, Saguenay, Honguedo, Canada, Hochelaga, Stadaconé, Ottawa . . .[21] Nombre de lieux portent un nom amérindien avant l'arrivée de Cartier. Par ailleurs, la toponymie cartiérienne vient s'ajouter à celle que les explorateurs et pêcheurs espagnols ou basques ont déjà distribuée sur les côtes de Terre-Neuve et du golfe : cap de Bonne-Visite (Bonavista), havre saincte Katherine (Catalina), île des Ouaiseaulx, baie des Chasteaulx (détroit de Belle-Isle), hable de la Balaine, Blanc Sablon . . . Mais, dans le journal de bord, c'est principalement la langue de Donnacona qui se fait reconnaître :

Pareillement, y croist de groz mil, comme poix, ainsi que au Brésil, qu'ilz mangent en lieu de pain, dequoy ils avoyent tout plain aveques eulx, qu'i nomment en leur langaige, *kakaige*. Pareillement ont des prunes, qu'ilz seichent, comme nous faisons, pour l'yver, qu'i nomment, *honnesta* ; des figues, noix, poires, pommes et aultres fruictz ; et des febves, qu'i nomment

---

[21] « Car noz mariniers se servent le plus souvent des noms de l'imposition des Sauvages, comme *Tadoussac, Anticosti, Gachepé, Tregate, Misamichis, Campseau, Kebec, Batiscan, Saguenay, Chischedec, Mantanne,* & autres. » Marc Lescarbot, *Histoire de la Novvelle-France*, vol. II, p. 390.

*sahe,* les noix, *caheya* les figues, *honnesta,* les pommes ... [en blanc dans le texte] Si on leur monstre aucunes choses dequoy ilz n'ayent poinct, et qu'i ne sçavent que c'est, ilz secouent la teste, et dyent *nouda,* qui est à dire qu'il n'y en a point, et qu'ilz ne sçavent que c'est (105-106).

L'exotisme du lexique iroquois n'accuse-t-il pas déjà les ambitions européennes ? Entre les deux codes linguistiques, celui du *cappitaine* et celui de l'*agouhanna,* il y a une distance qui astreint les groupes à la communication gestuelle. Les lexiques que Cartier rapporte de ses navigations sont d'ailleurs aussi « succincts » que les relations ; les colonnes séparées du vocabulaire illustrent bien la difficulté des échanges. Derrière la langue se profilent d'autres codes : sociaux, économiques, culturels. L'idiome n'est qu'un signe parmi d'autres qui indique tout un langage dont le déchiffrement est ardu.

*

Ainsi, Cartier connaît et fait connaître en comparant. Le connu éclaire l'inconnu. La comparaison est un mode de connaissance primordial. Cartier aurait-il pu explorer l'inconnu autrement ? Était-il en son pouvoir de recourir à un autre mode de connaissance ? La question ne se pose pas ici de cette manière. Je tente de saisir aujourd'hui la portée idéologique d'un texte ancien qui révèle autant l'esprit du découvreur que la terre découverte. Un texte peut survivre par ses qualités mais aussi par ses lacunes. Que Cartier fut soumis aux façons de penser de son époque, c'est précisément ce que je tente de montrer. Malgré l'écran européen du XVIe siècle, une image authentique du pays apparaît et nous rejoint. Évidemment, du haut de notre vingtième siècle, il est facile de porter un jugement sévère ou condescendant sur un voyageur de la Renaissance qui n'avait pas l'esprit éclairé d'un Las Casas ou d'un Montaigne. D'un autre côté, le fait que nous ne voyagions plus comme Cartier montre un certain progrès de la connaissance qui devrait nous réconforter.

## 5. Terre de Bacchus

Le narrateur hésite perpétuellement entre deux états affectifs, le ravissement et la déconvenue. Les propriétés extrêmes du paysage y sont sans doute pour quelque chose, les rives hospitalières de Bacchus voisinant avec les falaises hostiles de Caïn. Ces oscillations pourraient-elles aussi dépendre du psychisme de l'Européen du XVIe siècle ? Selon Robert Mandrou, celui-ci est « hypersensibilisé par le jeu des contrastes quotidiens[1] », notamment celui du jour et de la nuit, du chaud et du froid. L'historien décèle en effet chez les contemporains de Du Bellay et Calvin « une sensibilité très vive, très primesautière, comme portée aux extrémités par son propre mouvement[2] ». Admettons qu'il en fut ainsi.

Tout le début de la première relation est un chant d'émerveillement devant le nombre impressionnant d'îles et d'oiseaux : « Nonobstant ledit banc, noz deux barques furent à ladite isle [île des Oiseaux], pour avoir des ouaiseaulx, desqueulx y a si grant nombre, que c'est

___
[1] *Introduction à la France moderne*, p. 77.
[2] *Ibid.*, p. 76.

une chosse incréable, qui ne le voyt (80-81)[3] ». Sur la
côte Nord, à l'ouest du Havre de Brest (Bonne-
Espérance), les îles se succèdent sur une distance de
quatorze milles, d'où le beau toponyme de *Toutes Isles :*

> Nous passames parmy les isles, qui sont en grant
> nombre, qu'il n'est possible les sçavoir nombréz
> qui contiennent environ dix lieues oultre ledit
> hable. Nous couchames en l'une d'icelles isles,
> pour la nuyt passéz, et y trouvames en grant
> quantité d'oeufs de cannes, et aultres
> ouaiseaulx, qui hairent [font leurs nids] es isles.
> Lesdites isles furent nommées *Toutes Isles* (86).

Après la fête des îles et des oiseaux, voici la pêche
miraculeuse :

> À deux lieux de cap Royal, y a vingt brasses de
> parfont [profond], et la plus grande pescherie de
> grosses molues, qui soit possible ; desquelles
> mollues en prynmes, en attendant nostre com-
> paignon, plus d'un cent en moins d'une heure
> (90).

Après les morues de la Pointe de l'Ours, les baleines de la pointe ouest d'Anticosti : « Et n'est mémoyre
de jamais avoir tant veu de ballaines, que nous vismes
celle journée, le travers dudict cap (124)».

Il y a un sentiment proche de l'ivresse dans l'extrait suivant de la deuxième relation, alors que Cartier
remonte le fleuve à partir de Stadaconé. Le ravisse-

---

[3] « Quelqu'vn pourrait accuser le Capitaine Quartier d'avoir fait des
contes à plaisir, quand il dit que tous les navires de France pourroient se
charger d'oyseaux en l'ile qu'il a nommée *Des oyseaux :* & de verité je
croy que cela est vn peu hyperbolique. Mais il est certain qu'en cette ile il
y en a tant que c'est chose incroyable. Nous en avõs veu de semblables en
notre voyage, où il ne falloit qu'assommer, recuillir, & charger notre
vaisseau. » Marc Lescarbot, *Histoire de la Novvelle-France,* vol. II, p. 475.

ment tient d'abord au charme des rives qui sont pour le
narrateur une extension du fleuve, « aussi unies que
l'eaue ». La splendeur des arbres, la prolifération des
vignes sauvages[4], la réception joyeuse des autochtones,
autant de facteurs qui contribuent à l'état d'enchantement :

> Le landemain, dix-neufiesme jour dudit mois de
> septembre, comme dict est, nous appa-
> reillasmes, et fymes voille avecq le gallion et les
> deux barques pour aller avecq la marée amont
> ledict fleuve, où trouvasmes à venir, des deulx
> coustez d'icelluy, les plus belles et meilleures
> terres qu'il soit possible de veoir, aussi unies que
> l'eaue, plaines des beaulx arbres du monde, et
> tant de vignes, chargéez de raisins, le long dudict
> fleuve, qu'il semble mieulx qu'elles y aient estéz
> plantées de main d'hommes, que aultrement :
> [...] Pareillement nous trouvasmes grand
> nombre de maisons sus la rive dudict fleuve, les-
> quelles sont habitées de gens qui font grande
> pescherie de tous bons poissons, selon les
> saisons. Lesquelles gens venoyent à noz navires
> en aussi grand amour et privaulté, que si
> eussions esté du pays, nous apportant force
> poisson, et de ce qu'ilz avoyent, pour avoir de
> nostre marchandise, tandens les mains au ciel, et
> faisant plusieurs serimonies et signes de joie
> (140-141).

La première rencontre des Iroquois à Gaspé avait
également eu lieu « sur l'orée de l'eau » et dans une at-
mosphère de joie, ce dernier mot revenant pas moins
de trois fois sous la plume du secrétaire ;

---

[4] A ce propos, voici le témoignage d'André Thévet : « Une autre chose
quasi incredible est, qui ne l'auroit veüe. Il se trouve en Canada plusieurs
lieux et contrées, qui portent tres beaux ceps de vigne, du seul naturel de
la terre, sans culture, avec grande quantité de raisins gros, bien nourris, et
tres bons à manger : toutefois n'est mention que le vin en soit bon en
pareil. Ne doubtez combien trouveret cela estrage et admirable ceux, qui
en firent la première decouverte. » *Les Singularitez de la France antarctique*, p. 428.

> et descendîmes franchement parmi eux, de quoi
> ils démenèrent grand'*joie*, et se prirent tous les
> hommes à chanter et danser en deux ou trois
> bandes, faisant grand signe de *joie* de notre
> venue. Mais ils avaient fait fuir toutes les jeunes
> femmes dedans le bois, fors deux ou trois qui de-
> meurèrent, à qui nous donnâmes, chacun un
> peigne, et à chacune une petite clochette
> d'étain, de quoi ils firent grand'*joie*, remerciant
> le capitaine en lui frottant les bras et la poitrine
> avec leurs mains (105).

Le narrateur européen accorde sans doute au
cérémonial d'accueil plus d'importance qu'il n'en a en
réalité, les démonstrations d'amitié découlant simplement du code indigène de l'hospitalité. En effet, on
peut se demander si, devant les exubérances rituelles,
les Français ne sont pas enclins à amplifier les connotations d'« amour et privaulté ».

L'émerveillement est aussi lié au contact étroit,
intime et physique avec le pays. À la pointe nord de l'île
du Prince Édouard (Cap de Sauvaige), les navigateurs
débarquent uniquement pour admirer la terre de plus
près, qui est « de la meilleure tempérance qu'il soit
possible de voir et de grande chaleur » (96-97). Attei-
gnant l'île de Bacchus, Cartier et ses compagnons dé-
cidèrent d'« aller à terre à ladicte ysle veoyr les arbres,
qui sambloient à veoir fort beaulx, et la nature de la
terre d'icelle ysle (134) ». Cartier ne se lassait pas d'admirer les arbres et, avant Paul-Marie Lapointe, de les
énumérer :

> Nous y dessantimes celuy jour en quatre lielx
> [lieux], pour voir les arbres, queulx sont merveil-
> leusement beaulx, et de grande odeur, et trou-
> vames, que c'estoint cèdre, iffz, pins, ormes
> blans, frainnes, sauldres et aultres, plusieurs à
> nous incongneuz, tous arbres sans fruictz (96).

Le marin se réjouit que les cèdres et les pruches de la pointe de Miscou puissent faire d'excellents mâts, « suffisans de mastéz [mâter] navires de troys cens tonneaulx et plus » (98).

Il y a évidemment les arbres miraculeux. D'abord, ce cèdre blanc que l'on trouve des deux côtés de la rivière du cap Rouge, « qui est appelé par les gens du païs *Hanneda* lequel a plus excellente vertu que tous les arbres du monde (191) ». Mais il y a encore, à l'embouchure du Saguenay, ces nombreux arbres, miraculeux à leur façon, qui naissent du roc, « de sorte que nous y avons veu tel arbre, suffisant à master navire de trente thonneaulx, aussi vert qu'il soit possible de veoir (123) ».

L'auteur des relations donne généralement la primauté au chêne dans ses descriptions de la forêt laurentienne. À Hochelaga, la terre était « plaine de chaisnes, aussi beaulx qu'il y ait en forestz de France, soubz lesquelz estoit toute la terre couverte de glan (145) ». Aux abords de la rivière du cap Rouge, « il y a grande quantité de chênes les plus beaux que j'ai veus de ma vie, lesquels étaient tellement chargés de glands qu'il semblait qu'ils s'alloient rompre (191) ».

Tout comme Champlain plus tard, Cartier s'étonna de trouver sur les bords du Saint-Laurent « force vignes, qui est le meilleur, lesquelles avoient si grand abondance de raisins, que les compaignons en venoient tous chargés à bort (142) ». À l'embouchure de la rivière du cap Rouge, « la terre est toute couverte de vignes que nous trouvâmes chargées de raisins aussi noirs que ronces, mais non pas aussi agréables que ceux de France pour la raison qu'elles ne sont pas cultivées et parce qu'elles croissent naturellement sauvages (192) ».

Sous la plume du narrateur, la même expression superlative revient à plusieurs reprises, commandée par une sorte de réaction automatique ; elle revient comme un leitmotiv qui ne semble guère dépasser le premier stade de l'étonnement :

> Toute ycelle terre [cap d'Orléans Kildare] est basse et unye, *la plus belle terre qu'i soict possible de voir* et plaine de beaulx arbres et prairies (95).

> Leur terre [baie de Chaleur] est en challeur plus temperée que la terre d'Espaigne, et *la plus belle qu'i soict possible de voir*, et aussi eunye que ung estanc (102).

La formule figée est répétée inlassablement, au risque de tourner à vide. Stéréotype que l'on peut rapprocher du sempiternel « beau et plaisant » de Champlain. Peut-être peut-on expliquer ces récurrences par la thèse freudienne de la répétition qui vise au contrôle de l'impression produite par l'inédit[5].

Lorsque la réaction admirative est réservée, elle paraît quelque peu contrainte. La relation prend alors la forme d'un reportage qui ne craint pas d'accumuler les redites :

> Nous nommasmes ledict lieu *saincte Croix* pource que ledict jour y arrivasmes. Auprès d'icelly lieu y a ung peuple dont est seigneur ledict Donnacona, et y est sa demeurance, lequel se nomme Stadaconé, qui est aussi bonne terre qu'il soit possible de veoyr, et bien fructifférante, plaine de mouult beaulx arbres, de la nature et sorte de France, comme chaisnes, hourmes, frennes, noyers, prunyers, yfz, seddrez, vignes, aubespines, qui portent le fruict

---

> aussi groz que prunes de Damas, et aultres
> arbres, soubz lesquelz croist de aussi bon
> chanvre que celuy de France, lequel vient sans
> semance ny labour (133).

La première phrase explique sèchement l'origine
du toponyme donné à la rivière Sainte-Croix, nommée
plus tard Saint-Charles par les Récollets. Le « pource
que » est suivi d'une série de relatifs symétriquement
disposés (lequel, qui, qui, lequel) qui imprime au
passage un indéfectible caractère logique. On sent un
peu trop la plume professionnelle dans l'enchaînement
des idées. L'exclamation habituelle (« aussi bonne terre
qu'il soit possible de voir ») frise le poncif ; l'énumération d'arbres, avec son ordre presque toujours identique, finit par avoir une allure mécanique et par en-
gendrer une certaine monotonie, du moins aux yeux du
lecteur moderne.

Et puis un jour, au moment de « passer oultre », l'é-
tonnement qui retrouve sa pureté, la mémoire de
l'homme qui faillit : « Le lendemain, au matin, fisme
voille et appareillasmes pour passer oultre ; et eusmes
congnoissance d'une sorte de poissons, desquelz il n'est
mémoire d'homme avoyr veu ny ouy (130) ».

Pour décrire les réalités qui défie la mémoire
humaine, avec lesquelles les Européens sont peu ou pas
familiers, les auteurs de relations doivent souvent avoir
recours à l'accumulation de détails caractéristiques. On
comprend que Pierre Perrault ait noté chez Cartier « la
précision de ses étonnements[6] ». Le souci du trait spécifique ou évocateur est en effet remarquable ; il témoigne de la volonté de ne négliger aucun aspect, aucun
« lopin » de la réalité inédite, et du souci de la présenter
le plus fidèlement possible aux lecteurs contemporains.

---

[6] *Toutes Isles,* p. 42.

Ainsi, Cartier serait le premier Européen à faire le portrait minutieux d'un fumeur, que l'explorateur français compare à « un tuyau de chemynée ». Ce segment descriptif de la deuxième relation est remarquable par la concentration de détails précis (herbe, sac, cornet, charbon) :

> Ilz ont aussi une herbe, de quoy ilz font grand amas durant l'esté pour l'yver, laquelle ilz estiment fort, et en ysent les hommes seullement en la façon qui ensuict. Ilz la font sécher au soleil, et la portent à leur col, en une petite peau de beste, en lieu de sac, avecques ung cornet de pierre, ou de boys. Puis, à toute heure, font pouldre de ladicte herbe, et la meptent en l'un des boutz dudict cornet ; puys meptent ung charbon de feu dessus, et sussent par l'aultre bout, tant qu'ilz s'emplent le corps de fumée, tellement, qu'elle leur sort par la bouche et par les nazilles, comme par ung tuyau de chemynée. Et disent que celà les tient sains et chauldement ; et ne vont jamays sans avoyr ces dictes choses. Nous avons expérimenté ladicte fumée. Après laquelle avoyr mys dedans nostre bouche, semble y avoir mis de la pouldre de poyvre, tant est chaulde (158-159)[7].

Cartier fait l'expérience du tabac, symbole de puissance religieuse pour les Amérindiens, comme plus tard Montaigne tâtera d'une « certaine matière blanche, comme du coriandre confit[8] » : le tout est de bien digérer la réalité nouvelle !

*

---

[7] G. Atkinson remarque que Cartier « réussit à décrire l'usage du tabac sans employer les mots *tabac* ou *petun* ». *Les Nouveaux Horizons de la Renaissance française*, p. 62.
[8] *Essais*, I, p. 264.

En novembre 1535, après le voyage d'Hochelaga
qui eut lieu malgré les réticences des habitants de
Stadaconé, Cartier est en mesure de décrire synthéti-
quement les « troys cens lieues et plus » qui vont « despuis le commancement dudict fleuve jusques à Hochelaga » (163). La place de la récapitulation qui comprend deux chapitres est curieuse. On n'a pas hésité à
mettre côte à côte des séquences de tons bien différents : deux chapitres qui décrivent des situations péni-
bles encadrent un couple de chapitres qui expriment le
ravissement. En effet, les deux séquences qui s'inti-
tulent

> De la grandeur et parfondeur dudict fleuve en
> général ; et des bestes, oyseaulx, poissons,
> arbres et aultres choses, que y avons veu ; et de
> la scituation des lieux (162),

> Chapitre d'aucuns enseignements que ceulx du
> pays nous ont donné, despuys estre revenuz de
> Hochelaga (166),

se situent entre un chapitre qui fait état des appré-
hensions de Cartier

> Comment le cappitaine, doubtant qu'ilz ne son-
> gassent aucune trahison, fict renforcer le fort ;
> et comment ilz vindrent parlementer avecques
> luy, et la rendition de la fille, qui s'en estoit fuye
> (161),

et un second chapitre qui décrit le scorbut :

> D'une grosse maladie et mortalité qui a esté au
> peuple de Stadaconé, de laquelle pour les avoyr
> fréquentéz, en avons esté enlouez [infectés], tel-
> lement qu'il est mort de noz gens jusques au
> numbre de vingt cinq (168).

La description des rapports tendus avec les Amérindiens, dont on constate la « malice », et la narration curieusement froide de l'épisode du scorbut encadrent deux « chappitres » qui contrastent par le sentiment d'émerveillement qui s'y exprime, lequel aboutit d'ailleurs dans le second fragment au merveilleux tout court[9]. On peut en conclure que lorsque Cartier fait le point sur la découverture, l'enchantement l'emporte malgré le dur hiver, la « grosse maladie » et la « malle voulunté » des Amérindiens :

> Toute la terre des deux coustéz dudict fleuve jusques à Hochelaga et oultre, est aussi belle terre et unye que jamays homme regarda. Il y a aucunes montaignes, assez loing dudict fleuve, que on veoyt par sus lesdictes terres, desquelles il descend plusieurs ripvières, qui entrent dedans le dict fleuve. Toute cestedicte terre est couverte et plaine de boys de plusieurs sortes, et force vignes, excepté à l'entour des peuples, laquelle ilz ont desertée [défrichée], pour faire leur demourance et labour. Il y a grand nombre de grandz serfz, dins, hours et aultres bestes (165).

Une image globale du pays, à vol d'oiseau pour ainsi dire, apparaît sous la plume du narrateur qui s'arrête moins aux détails, nonobstant les habituelles énumérations. Le pays est ici réduit à ses caractères essentiels, du moins dans l'optique des navigateurs et des futurs colons. Chaque élément trouve sa place dans un vaste espace physiquement découvert, psychologi-

---

[9] La description des « pas d'une beste, qui n'a que deulx pieds (165) » annonce le chapitre suivant qui a pour objet le royaume de Saguenay. L'émerveillement prépare en quelque sorte le terrain au merveilleux : « Et nous ont faict entendre, que audict lieu les gens sont vestuz et habilléz de draps, comme nous, et qu'il y a force villes et peuples, et bonnes gens, et qu'ilz ont grande quantité d'or et cuyvre rouge (166). »

quement conquis. Cette sobre « récapitulation » est un des plus beaux morceaux des relations. Le narrateur prend plaisir à revenir sur des détails qu'il a déjà signalés mais il les intègre maintenant dans le « tout de la terre (167) ». Avec une bonne vision d'ensemble du territoire, Cartier contrôle pour le moment le mystère du pays. Peut-être pour se dédommager de ses peurs, il se permet lui-même de créer sciemment du mystère en mentionnant la présence d'une bête géante et en prêtant une oreille complaisante aux récits fascinants des Amérindiens sur le royaume de Saguenay.

Dans la vision qui s'attache aux grands traits du pays, la place d'honneur revient au fleuve que Cartier a curieusement soin de ne pas nommer. On ne s'étonnera pas de la présence constante de l'eau dans cette navigation intérieure. Montagnes, terres et rivières regardent vers le fleuve, premier chemin du Roi. C'est par rapport à la « grande rivière de Canada[10] » que l'auteur de la relation situe les montagnes du nord et du sud, les Laurentides, les monts Notre-Dame, Sainte-Anne et Adirondacks, « toute la terre » environnante, les forêts, les bêtes, les oiseaux, les poissons :

> « Aussi, comme par cy davant est faicte mention es chapitres précédens, cedict fleuve est le plus habundant de toutes sortes de poissons qu'il soyt mémoire d'homme avoyr jamays veu ny ouy ; car despuis le commancement jusques à la fin, y treuverez, selon les saisons, la pluspart des sortes et espesses de poissons de la mer et eaue doulce (165) ».

C'est ici un des seuls endroits où le narrateur s'a-

---

[10] « Cette riviere a esté appellée par le méme Jacques Quartier *Hochelaga*, du nom du peuple qui de son temps habitoit vers le Saut d'icelle. » Marc Lescarbot, *op. cit.*, II, p. 392.

dresse directement au lecteur, comme si celui-là con-
trôlait suffisamment la découverte pour se permettre
de convier celui-ci à partager son émerveillement :

> «Vous treuverez jusques audict Canada, force
> ballaines, marsoins, chevaulx de mer, *adhothuys*
> [morses] . . . (165) ».

> « Item, y treuverez en jung, juillet et aoust, force
> macqueraulx, mulletz, bars, sartres, grosses an-
> guilles et aultres poissons. Ayant leur saison
> passée, y treuverez l'épelan [éperlan], aussi bon
> que en la ripvière de Saine (166) ».

On constate que la découverte commence vérita-
blement à l'île de l'Assumption (Anticosti) que Cartier
ne put dépasser lors du premier voyage, arrêté par les
forts courants. C'est en amont de cette grande île que le
Français fit mettre « les voiles bas et en travers » pour
« abvoir plus emple congnoissance desdits paroiges ».
La découverte réelle commence avec le fleuve, qui
« commance passé l'isle de l'Assumption, le travers des
haultes montaignes de Honguedo et des Sept Yles (162-
163) ».

Du haut du Mont-Royal, Cartier a pour la première fois une vue panoramique du pays ; il en profite
pour situer les Laurentides, le versant nord des Adirondacks et des Green Mountains (Vermont), les
rapides de Lachine, les vieux volcans de Rougemont,
de Saint-Hilaire et de Saint-Bruno. Au centre de ce
vaste paysage, « par le milieu des dictes terres », le
fleuve :

> Entre lesquelles montaignes est la terre, la plus
> belle qu'il soit possible de veoyr labourable,
> unye et plaine. Et par le milieu des dictes terres,

voyons ledict fleuve oultre le lieu où estoient de-
mourées noz barques, où il y a ung sault d'eaue
[...] ; et voyons icelluy fleuve tant que l'on
pouvoyt regarder, grand, large et spacieulx, qui
alloit au surouaist, et passoit par auprès de troys
belles montaignes rondes, que nous voyons, et
estimyons qu'elles estoient à envyron quinze
lieues de nous (151).

Grâce au fleuve, « grand, large et spacieux », les
provinces de Canada et d'Hochelaga sont accessibles.
Approchant d'Hochelaga avec quelques gentilshommes et vingt-huit mariniers, Cartier décide d'aller
« amont ledict fleuve, au plus loing qu'il nous seroit
possible (143) ». Aucun cours européen ne lui
ressemble ; il est l'élément fondamental de la découverte.

La grande rivière n'aura plus de secrets pour le capitaine de Saint-Malo : il en aura minutieusement dé-
terminé le cours jusqu'aux rapides d'Hochelaga, fré-
quemment donné la « distance en traverse » et « de
parfond », indiqué la voie la plus sûre pour naviguer.
Cartier débarque peu, ne va pas profondément dans les
terres, ne perd jamais de vue le « chemyn de Hochelaga ». Son exploration des terres se limite aux îles et
aux côtes, se déroule généralement « à l'orée de l'eau ».
Le fleuve n'est jamais bien loin, il est toujours présent.
Les Amérindiens sont souvent dans l'eau pour accueillir les Français ou parlementer avec eux. À Hochelaga,
durant la nuit « [demeure] icelluy peuple sus le bord
dudict fleuve, au plus près desdictes barques, faisant
toute nuict plusieurs feuz et dansses, en disant à toutes
heures, *aguyase,* qui est leur dire de salut et joye (144) ».
Au bout du fleuve, il y a ce fameux royaume de Saguenay que décrivent les Amérindiens aux Français fascinés et, qui sait, peut-être le royaume de Prêtre Jean

ou le Cathay de Marco Polo, car « il est probable qu[e Cartier] croyait avoir pris pied sur un cap oriental d'Asie[11]. »

Le fleuve suscite les mêmes sentiments contradictoires que l'ensemble du pays. Le chemin propice qui conduit aux provinces de Canada et d'Hochelaga, la route favorable des épices et des métaux, c'est aussi un cours impétueux, piégé, funeste : les battures, les récifs, les courants et les glaces réservent de mauvaises surprises. Source d'enthousiasme et de désenchantement, le fleuve est en quelque sorte perçu comme une image « réduite » de l'ensemble du pays.

Que le fleuve était une voie pleine de dangers, Cartier en fit souvent la rude expérience. Remontant le Saint-Laurent, il constata que les difficultés de passage ne manquaient pas. Ainsi, à l'entrée du Saguenay, à cause des bas-fonds, « trouvasmes la marée fort courante et dongereuse (129) ». En route pour Hochelaga, Cartier trouva difficilement une ouverture à travers les « barres et traverses » des îles de Berthier (142). À quelques lieues du même village, c'est la « difficulté du passaige » qui obligea Cartier à abandonner son gallion « pour aller amont ledict fleuve » en barques (143). Au sud-ouest, il fut arrêté par « un sault d'eaue, le plus impétueulx qu'il soit possible de veoir ; lequel ne nous fut pas possible de passer (151) ». À la fin du troisième voyage, le capitaine était encore immobilisé par les rapides de Lachine et cherchait toujours vainement le passage « pour aller au Saguenay (193) ».

L'hiver, le chemin d'Hochelaga devenait impraticable. C'est ainsi que

---

[11] Charles-André Julien, *les Français en Amérique pendant la première moitié du XVIe siècle*, p. 13.

> Despuis la my novembre jusques au XVme jour
> d'apvril, avons esté continuellement enferméz
> dedans les glaces, lesquelles avoyent plus de
> deux brasses d'espesseur, et dessus la terre, y
> avoit la haulteur de quatre piedz de naiges et
> plus, tellement qu'elle estoyt plus haulte que les
> bors de noz navires ; [...]. Et estoit tout ledict
> fleuve, par aultant que l'eaue doulce en con-
> tient, jusques au dessus de Hochelaga, gellé
> (170).

Heureusement, d'autres saisons moins implacables
ont entretenu pendant des mois l'émerveillement des
Bretons qui, avec l'aide des fils de Donnacona, poussè-
rent leur navigation par delà la *Terre de Bacaillos,* « se
trouvant en païs inconu, où jamais aucun Chrétien
n'avoit été[12] ». Îles, oiseaux et poissons innombrables,
arbres imposants, vignes plantureuses, fleuve majes-
tueux, indigènes réjouis, autant de facteurs qui contribuèrent à faire de la vallée du Saint-Laurent le plus
beau pays qu'il soit possible de voir.

---

[12] Marc Lescarbot, *op. cit.,* II, p. 431.

## 6. « Tout alla veue»

L'historien Lucien Febvre estime que la pauvreté de l'imagination visuelle est une caractéristique de la Renaissance : « la vision n'informe encore qu'un champ perceptif limité, comparé aux autres sens[1] ». Comme tous les explorateurs de son temps, Jacques Cartier participe à sa manière à la promotion de la vue, laquelle, suivant Robert Mandrou, « est étroitement dépendante de l'essor scientifique moderne[2] ». C'est par le regard que le découvreur passe du connu à l'inconnu. D'où l'importance des notations visuelles dans les trois relations : « Nonobstant ledit banc, noz deux barques furent à ladite isle [île des Oiseaux] pour avoir des ouaiseaulx, desqueulx y a si grant numbre, que *c'est une chosse incréable, qui ne le voyt* (80) ».

Champlain ne pourra mieux témoigner son admiration pour son illustre prédécesseur qu'en rappelant tout ce que ce dernier « a veu et descouvert[3] ». Félix-Antoine Savard a noté pour sa part que « les yeux et

---

[1] *Le Problème de l'incroyance au XVIe siècle*, p. 413.
[2] *Introduction à la France moderne*, p. 73.
[3] *Les Voyages de Samuel Champlain*, p. 117.

tous les sens sont ouverts » dans la relation de Cartier[4].
Et Pierre Perrault, dans *Toutes Isles :* « Et alors il fallait
arrêter pour voir, regarder pour comprendre, deviner
pour aimer toutes îles ![5] »

Le navigateur étranger traverse une partie du
Nouveau Monde avec une mémoire inculte et des yeux
innocents. Son regard est parfois admiratif, parfois
déçu mais toujours curieux. « Au pris de toy ce Grec
[Ulysse] par dix ans ne vit rien », écrit sans ambages
»Ronsard à Thévet[6]. La découverte est essentiellement
liée aux réalités visuellement perçues :

> Et le jour saint Barnabé, après la messe ouye,
> nous allames o [avec] nos barques oultre ledit
> hable [Brest] vers l'ouaist, *descouvrir et veoirs*
> quelz hables il y avoit (86).

Découvrir, c'est voir, et voir, c'est savoir :

> Dempuis les avoir veuz, j'ay seu que là n'est pas
> leurs demeurance (88).

C'est connaître :

> Et le lundy, XVè, appareillames dudit Brest, et
> fysmes la routte sur le su, pour avoir la *con-
> gnoissance* de la terre que nous v *voyons,* apa-
> raisance a [qui avait l'apparence de] deux isles,
> mais quand nous fumes au mytan de la baye, ou
> environ, nous *congneumes* que s'estait terre
> ferme, dont y avoit gros cap doublé l'un par
> dessus l'autre ; et pour ce, le nonmames, *cap
> Double* (88).

---

[4] *L'Abatis,* p. 146.
[5] *Toutes Isles,* p. 44.
[6] « À André Thévet Angoumoisin », dans *Oeuvres complètes,* éd. P. Laumonier, Paris, Droz, vol. 10, 330. Cité par Le Moine, *l'Amérique et les
poètes français de la Renaissance,* p. 203.

Et nous estans le travers dudit cap [île de
Miscou] apersumes aultres terres et cap [baie
des Chaleurs], qui demeuroict au nort, ung cart
du nordest, *tout alla veue* (98).

Ce que l'homme de mer ne voyait pas pouvait
d'ailleurs être tout aussi important que ce qu'il voyait :
« en toute ladite coste du nort, je n'y vy une charretée
de terre, et si [pourtant] descendy en plusseurs lieux
(87). » Lorsque le mauvais temps se mettait de la partie,
la vue était bouchée et, du même coup, la connaissance
empêchée : « eumes tormente et vent contraire et serraison, tellement que ne peumes avoir congnoissance
d'un cap de terre (90). »

Regard innocent ? Rien n'est évidemment moins
sûr. Car s'il est vrai que l'érudition ne ruine pas la spontanéité, le regard du voyageur n'est pas vierge pour
autant, troublé qu'il est par des paysages déjà connus et
des préjugés bien enracinés. L'image du pays qu'offrent
les relations de Cartier n'est pas « pure » ; les sensations
visuelles prédominent mais cela ne veut pas dire que les
dangers de myopie sont écartés. Le regard n'est pas
seulement prospection naïve, il est aussi réaction face à
un monde nouveau, et réfraction.

On aura également noté l'importance du langage
visuel (signes, gestes) dans les rapports entre les
Français et les Amérindiens, les uns et les autres se
trouvant la plupart du temps dans l'incapacité de communiquer par la parole :

[Agona] fit ung grant sermon, en venant et arryvant à bort, *monstrant par signes évidans, avecque
les mains et aultres sérimoyes,* que ledict fleuve
estoit ung peu plus amont, fort dongereulx, nous
advertissant de nous en donner garde (141).

Lors de l'érection de la croix sur la pointe Penouille, les notations visuelles sont particulièrement
nombreuses. Les rapports entre les autochtones et les
étrangers atteignirent alors un premier sommet dans
l'équivoque :

> Et icelle croix plantasmes sur ladite poincte
> devant eulx, lesquelz la *regardoyent* faire et
> planter. Et après qu'elle fut eslevé en l'air, nous
> mismes tous à genoulx les mains joinctes, en
> adorant icelle devant eulx, et leur *fismes signe,
> regardant et leur monstrant le ciel,* que par icelle
> estoit nostre rédemption, dequoy ilz firent
> plusieurs admyrations, en tournant et *regardant*
> icelle croix (106-107).

Donnacona s'interrogea avec humeur sur la signification de cette cérémonie

> et nous fit une grande harangue, nous monstrant
> ladite croix, et faisant le *signe* de la croix, avec
> deux doydz : et puis nous *monstroit* la terre, tout
> à l'entour de nous, *comme s'il eust voullu dire,*
> que toute la terre estoit à luy, et que nous ne
> devyons pas planter ladite croix sans son congé.

C'est par un subterfuge visuel que les Français atti-
rèrent Donnacona et ses fils (« nous luy monstrasmes
une hache, faignant la luy bailler pour sa peau ») sur le
navire et les y retinrent de force.

L'obligation de communiquer « tant par signes que
par paroles » risquait évidemment de créer de la confusion. Ainsi à Hochelaga où Cartier ne sembla pas
comprendre ce que lui signifièrent les indigènes :

> Et après que le capitaine leur eut demandé *tant
> par signes que par paroles* combien de sauts nous

avions à passer pour aller à Saguenay et quelle
était la longueur du chemin d'où nous étions, ces
gens nous *montrèrent et donnèrent à entendre* que
nous étions au deuxième sault et qu'il n'y en
avoit qu'un autre à passer (195).

*

L'exploration visuelle et méthodique de territoires
mal connus amena tous ceux qui s'intéressaient de près
ou de loin aux découvertes, princes, banquiers, armateurs, capitaines et « simples mariniers de présent
(117) », à contester bon nombre d'affirmations d'auteurs anciens, lesquels, suivant l'opinion d'André
Thévet, « [étaient] excusables, et pas du tout croyables,
ayant parlé par conjecture et non par expérience[7] ».
Marco Polo avait été encore plus catégorique :

Il ne faut plus s'amuser aux pratiques
De ces rêveurs Cosmographes antiques
Qui n'ont connu la moitié de ce monde . . .[8]

Les Pères de l'Église eux-mêmes, tels Lactance
et saint Augustin qui avaient cru comme Platon à
l'existence des Antipodes, ne furent pas épargnés dans
cette radicale remise en question du savoir traditionnel.
Les voyageurs racontaient des expériences vécues qui
contredisaient catégoriquement les vieilles théories
géographiques. Le rôle de l'expérience pratique dans la
recherche de la vérité fut ainsi mis en valeur par suite
des expéditions lointaines. Écoutons Thévet proclamer
fièrement :

---

[7] *Les Singularités de la France Antarctique,* Paris, 1557, 34-36. Cité par Atkinson, *op. cit.,* p. 257.
[8] *La Description de l'Inde Orientale,* Paris, 1556, Mat. lim. Cité par Atkinson, *op. cit.,* p. 313.

> Tout ce que je vous discours et recite, ne s'apprend point es escoles de Paris ou de quelle que soit des Universitez de l'Europe, ains [ mais ] en la chaise d'un navire soubz la leçon des vents, et la plume en est, le cadran, et la boussole, tenans ordinairement l'Astrolabe devant le clerc du ciel[9].

Alors que les voyages d'explorations participaient étroitement à l'essor technique et scientifique de la Renaissance, de simples artisans, d'humble extraction comme la plupart des marins, prenaient eux aussi conscience de la valeur de l'expérience dans la quête de la vérité. Le témoignage d'un Bernard Palissy qui se méfie de la « théorique imaginative » est on ne peut plus éclairant :

> Ami lecteur, le désir que j'ay que tu profites à la lecture de ce livre m'a incité de t'advertir que tu te donnes garde de enyvrer ton esprit de sciences escriptes aux cabinets par une théorique imaginative, ou crochetée de quelque livre escrit par imagination de ceux qui n'ont rien practiqué, et te donnes garde de croire les opinions de ceux qui disent, et soustiennent que théorique a engendré la practique[10].

L'expression « expérience, maîtresse de toutes choses » que les modernes empruntent à Aristote, parfois pour la retourner contre son auteur et ses contemporains, on la retrouve partout, notamment dans les cosmographies de Jean Alphonse de Saint-Onge et de Thévet, aussi chez Cartier, dans la lettre dédicatoire qui précède le *Brief Récit*. Les expériences vécues par les explorateurs, non vécues par livres interposés, le

---

[9] *La Cosmographie universelle*, p. 907. Cité par Chinard, *op. cit.*, p. 89.
[10] « Advertissement aux lecteurs », *Discours admirables de la nature des eaux et fontaines, Oeuvres complètes*, éd. B. Orcel, p. 132.

contact direct avec le livre de la nature suscitent un renouvellement en profondeur du savoir traditionnel, hérité des Anciens. Cette mutation profonde de tout le champ épistémologique amène certains penseurs de la Renaissance à émettre des conclusions absolues : « Et ainsi l'expérience est contraire à la philosophie[11]. »

Des hommes de la Renaissance eurent donc le sentiment que l'Antiquité, tout vénérable qu'elle fût, était dépassée. L'idée féconde d'expérience progressa dans les esprits éclairés et contribua au renouvellement de la conception générale de la nature : celle-ci perdit peu à peu son caractère de force magique pour prendre celui d'une machine que l'on peut connaître, explorer et maîtriser.

---

[11] F. Lopez de Gomara, *Histoire générale des Indes,* Paris, 1568, IV. Cité par Atkinson, *op. cit.,* p. 257.

## 7. « Si la merveille unie à la vérité . . .[1] »

Le goût de l'expérience concrète s'accompagne paradoxalement chez les hommes de la Renaissance d'un fort penchant au merveilleux. Jean Delumeau constate que « l'époque qui a vu se développer l'esprit critique a été en même temps une période d'extraordinaire crédulité[2] ». Pour bien comprendre l'état d'esprit des navigateurs de la Renaissance, il importe de savoir qu'ils avaient souvent, selon l'expression de Gilbert Chinard, « l'âme naïve et l'imagination encombrée de contes merveilleux[3] ». Si le Portugais Ponce de Léon organisa en 1512 une expédition, c'était pour aller à la recherche de la fontaine de Jouvence ; la découverte de la Floride fut accidentelle. Les marins qui exploraient la vallée du Saint-Laurent emportaient également avec eux une lourde cargaison d'opinions préconçues et de récits fabuleux. Robert Mandrou a souligné la place prépondérante que le monde surnaturel occupait dans la vie quotidienne de l'homme du XVIe siècle, évoquant

[1] Mellin de Saint-Gelais, Sonnet sans titre, dans G.-F. de Oviedo y Valdès, *L'Histoire naturelle et generalle des Indes . . .*, Paris, 1555. Cité par Roger Le Moine, *l'Amérique et les poètes français de la Renaissance*, p. 217.
[2] *La Civilisation de la Renaissance*, p. 480.
[3] *L'Exotisme américain dans la littérature française au XVIe siècle*, p. 10.

l'univers grouillant de diables encornés, pointant leurs oreilles de boucs, gambadant sur leurs jambes velues, brandissant des crochets, l'univers des loups garous, présents en deux endroits simultanément, dans l'un comme bête, dans l'autre comme être humain, parfois diables lycanthropes, toujours horribles à voir, menaçants — tels que peintres et sculpteurs du temps de Jérôme Bosch et de Breughel l'Ancien les ont imaginés. Cet univers est un domaine imaginaire d'une rare présence ; il engendre la peur, le cauchemar, lui qui est né d'une première terreur ; monde foisonnant, encombrant, plus sans doute que les images paradisiaques du Ciel, plus même que la Terre telle qu'en plein jour chacun peut l'explorer familièrement et paisiblement[4].

À beau mentir qui vient de loin, dit le proverbe. Les explorateurs, parfois avec la complicité des dessinateurs, se sentent obligés de rehausser leurs relations de légendes étranges afin de satisfaire les goûts de leurs contemporains :

Si une relation est entièrement dénuée de merveilleux, note ironiquement Charlevoix en 1744, on ne la lit point, c'est-à-dire qu'on exige d'un Voyageur qu'il nous amuse, même aux dépens de sa réputation : on veut le lire avec plaisir, & avoir le droit de se moquer de lui . . .[5] »

Le lecteur curieux de 1550 devait lire les récits de voyage comme nous lisons des romans de science-fiction ; en tout cas, il ne devait pas faire une bien grande différence entre le récit de voyage et le récit tout court puisqu'il trouvait dans l'un comme dans l'autre une bonne dose de merveilleux. Le lecteur de

---

[4] *Introduction à la France moderne*, p. 79.
[5] P. de Charlevoix, *Histoire et description generale de la Nouvelle France*, 1744, I, p. 24.

SI LA MERVEILLE UNIE À LA VÉRITÉ »

Cartier était sensiblement le même que celui de Marco Polo : il préférait l'exotique et le divertissant au réel. C'est qu'au XVIe siècle les structures mentales avaient bien peu évolué depuis le Moyen Âge, encore qu'on eut tendance à considérer l'âge précédent — du moins ce qu'on en connaissait — comme décadent : la Renaissance, comme toutes les époques, cultiva ses mythologies étroites. « La découverte du Nouveau Monde n'a [...] pas bouleversé les habitudes et les manières de penser, constate Daniel Ménager. Souvent elle touche au merveilleux, et ne favorise pas la prise de conscience profonde d'un nouveau monde plus vaste et plus varié[6] ». Malgré son opposition fracassante à l'âge gothique, la Renaissance s'est accommodée le plus souvent du lourd héritage idéologique qu'il lui transmettait.

On sait que des centaines de morutiers bretons, basques, portugais organisaient des expéditions de pêche au Nouveau Monde dès le milieu du XIVe siècle, notamment vers le Grand Banc de Terre-Neuve. Il est également acquis que des navigateurs de Honfleur et de Dieppe précédèrent Cartier dans le golfe du Saint-Laurent. On peut dès lors imaginer le genre de fables et de cartes marines qui circulaient dans les ports de Saint-Malo, Honfleur, La Rochelle. Il n'était question que de monstres marins, d'îles peuplées de démons, de trésors gardés par des dragons, de géants difformes, de Cannibales et d'Amazones. Pigafetta évoque l'existence, à Extrême Orient, de poissons volants qui heurtent les mâts, d'oiseaux géants, d'indigènes qui ne mangent que le coeur cru des hommes, de petits hommes aux oreilles si grandes qu'elles servent à la fois de matelas et de couverture, de femmes qui s'en-

---

[6] *Introduction à la vie littéraire au XVIe siècle,* p. 122.

grossent de vent. François Ier avait lui-même crédule-
ment confirmé à un espion portugais, Lagarto, l'existence d'hommes pouvant voler de la terre à la cime des
arbres, et d'un arbre à l'autre[7]. On comprend mieux dès
lors la résistance des hommes d'équipage à s'embarquer pour une contrée imaginée par Jérôme Bosch. Les
navires revenaient du Nouveau Monde avec d'étranges
chargements : de la morue, des épices, des fourrures,
des métaux précieux — ou que l'on croyait tels —, des
histoires merveilleuses ou effrayantes, parfois même
des « sauvaiges » aux mines hagardes, qui allaient bientôt relever de leur présence les entrées royales.

Malgré les progrès de la cartographie, notables
surtout à Lisbonne et dans les Pays-Bas, les connaissances géographiques laissaient encore à désirer. Il
suffit d'examiner pour s'en convaincre « les nouvelles
et complètes descriptions de toute la terre » : c'est le
Dauphinois Oronce Finé (1494-1555), premier titulaire
de la chaire de mathématiques au Collège des lecteurs
royaux, qui proposa cette carte universelle vers 1530.
L'oeuvre de Finé était assez exacte en ce qui concerne
l'Europe occidentale, les côtes africaines et l'Amérique
du Sud, mais le terme d'Asie recouvrait à la fois l'Asie
et... l'Amérique du Nord. Ajoutons que les planis-
phères de Finé avaient souvent la forme d'un coeur.
Avions-nous déjà affaire à une vision hippie du
monde ? Guillaume Le Testu, quant à lui, préférait la
projection en forme d'hélice[8]. La géographie en
chambre se permettait volontiers ce genre de fantaisies.
La confusion entre l'Amérique et le Cathay, que l'on
trouve dans tous les *Miroirs* et *Images du monde* de l'é-
poque, « transféra dès l'abord à l'Amérique le caractère

---

[7] Voir H.P. Biggar, *Documents relating to Jacques Cartier and Roberval*, p.
78.
[8] Voir Manuel de Dieguez, *Rabelais par lui-même*, p. 12.

de contrée fabuleusement riche et peuplée par des
monstres qui fut attribué au Cathay dans tout le moyen
âge[9] ».

L'élément fabuleux n'est du reste pas absent des
relations de Jacques Cartier, mais il est plutôt discret.
En regard des publications courantes de l'époque, ses
récits contrastent par leur sobriété, voire leur esprit
scientifique. Ce qui, par ailleurs, n'empêchera pas Rabelais de ranger le Malouin parmi les naïfs qui écoutent
les propos incongrus du vieillard Ouy Dire[10]. Pourtant,
Cartier semble éprouver moins que d'autres le besoin
de recourir aux vieux rêves collectifs pour donner plus
d'attraits à ses écrits. Peut-être estima-t-il que la description du royaume de Saguenay et la mention de
quelques « merveilles du monde » suffisaient pour
retenir l'attention de ses contemporains friands de merveilleux :

> [Donnacona] nous a certiffié avoyr esté à la
> terre du Saguenay, où il y a infiny or, rubiz et
> aultres richesses, et y sont les hommes blancs,
> comme en France, et acoustréz de draps de
> laine. Plus, dict avoyr veu aultres pays, où les
> gens ne mengent poinct et n'ont poinct de
> fondement, et ne digèrent poinct ; ainsi font
> seullement eaue par la verge. Plus, dict avoyr
> esté en aultre pays de Picquenyans, et aultres
> pays où les gens n'ont que une jambe, et aultres
> merveilles, longues à racompter. Ledict seigneur
> est homme ancien, et ne cessa jamays d'aller par
> pays despuis sa congnoissance, tant par fleuves,
> ripvières, que par terre (175).

En septembre 1541, Cartier et les quelques gentilshommes qui l'accompagnent remontent à nouveau le

_____
9  Gilbert Chinard, *op. cit.*, p. VIII.
10  *Le Cinquième Livre*, XXX, p. 303.

fleuve jusqu'à Hochelaga « afin de voir et comprendre
la façon des saults d'eau qu'il y a à passer pour aller au
Saguenay (193) ». C'est que le royaume de Saguenay
hante toujours les imaginations françaises. Mais quelle
est la part de vérité dans les histoires « longues à ra-
compter » du vieux chef de Stadaconé[11] ? Cartier a-t-il
cure de les rapporter fidèlement ? Par ailleurs, l'explorateur français n'a-t-il pas intérêt à gonfler la vérité
pour attirer sur lui l'attention des commanditaires et de
la Cour ? Nombre de ses collègues n'hésitent pas à
avoir recours à ce procédé. Se pourrait-il que les extravagances attribuées à Donnacona et aux siens soient du
cru de Cartier ou de son secrétaire ? Que le fabulateur
notoire André Thévet considère Jacques Cartier
comme son « intime ami » laisse songeur[12]. Et que dire
encore une fois du triste sort que Rabelais réserve au
« découvreur » du Canada dans le *Cinquième Livre* ?

Quoi qu'il en soit, Cartier n'a pas résisté à la tentation d'introduire dans ses récits de voyage quelques ex-
centricités. Il est plaisant de voir avec quelle compréhension un Lescarbot ou un Charlevoix considèrent la
chose :

> Peut-être aussi Cartier décria-t-il sa Relation par
> les contes dont il s'avisa de l'embellir ; mais le
> moyen de revenir d'un pays inconnu et de n'en
> rien raconter d'extraordinaire ! Ce n'est pas, dit-
> on, la peine d'aller si loin, pour n'y voir que ce
> que l'on peut voir partout . . .[13]

---

[11] La question est légitime si l'on songe que le « mythe d'« El Dorado »
semble avoir été amplifié à plaisir par les Indiens [d'Amérique du Sud],
qui connaissaient la fascination que l'on exerçait sur leurs vainqueurs. »
Marianne Mahn-Lot, *la Découverte de l'Amérique,* p. 91.
[12] *La Cosmographie universelle,* chap. III, livre XXI.
[13] *Histoire et description générale de la Nouvelle France,* 1744, I, p. 23.
« Quant à la bête à deux piez, je ne sçay que j'en doy croire, car il y a des
merveilles plus étranges en la Nature que cela : puis ces terres là ne sont si
bien découvertes qu'on puisse sçavoir tout ce qui y est. » Marc Lescarbot,
*op. cit.,* vol. II, p. 475.

Mais où donc se trouvait précisément le mystérieux royaume de Saguenay, avec son abondance d'or et de diamants ? Il n'est pas facile de le préciser. Cartier connaissait, grâce à Taignoagny et Domagaya, l'embouchure de la « ripvière fort parfonde et courante qui est la ripvière et chemyn du royaume et terre du Saguenay (128) ». Toutefois, les Amérindiens indiquèrent aussi que la meilleure route vers le royaume n'était pas le Saguenay mais la grande rivière d'Hochelaga et l'Ottawa : « Le droict et bon chemin dudict Saguenay, et plus seur, est par ledict fleuve, jusques audessus de Hochelaga, à une ripvière qui descend dudict Saguenay et entre oudict fleuve ce que avons veu, et que de là sont une lune à y aller (166) ». Mais comme les Amérindiens, « par faulte de langue », s'exprimaient uniquement par signes, il en résulta, semble-t-il, de la confusion :

> Et oultre nous monstroient que le long desdictes montaignes [Laurentides], estans vers le nort, y a une grande ripvière [l'Ottawa] qui descend de l'occident, comme ledict fleuve. Nous estimons que c'est la ripvière qui passe par le royaume et prouvynce du Saguenay ; et sans que nous leur fissions aucune demande et signe, prindrent la chaisne du sifflet du cappitaine, qui est d'argent, et ung manche de pongnard, qui estoit de laton jaulne comme or, lequel pendoit au costé de l'un de noz compaignons mariniers, et monstrèrent que cela venoyt d'amont ledict fleuve ... (152)[14].

Les Français et les Iroquois n'avaient pas la même conception du merveilleux. Les deux univers surnaturels ne coïncidant pas, il en résulta des interprétations

---

[14] Selon Marcel Trudel, « Cartier comprend que la route d'eau rejoint l'actuel Saguenay, alors que les indigènes veulent parler d'une voie de communication, faite de rivières et de portages ». *Jacques Cartier*, p. 60, note 65.

divergentes. Les Français, pourtant si candides par moments, se moquaient volontiers de la crédulité des Indiens d'Amérique. L'occasion leur a été notamment fournie par la « finesse » des indigènes de Stadaconé qui « firent habiller troys hommes en guise de diables, faignans estre venuz de par Cudouagny, leur dieu, pour nous empescher d'aller à Hochelaga (138) ». Dans cet épisode raconté avec la verve d'un Des Périers, le ton des Français est vite persifleur : « Desquelles parolles nous prismes tous à rire, et leur dire que leur dieu Cudouagny n'estoit qu'un sot et qu'il ne savoit qu'il disoit, et qu'ilz le dissent à ses messaigiers . . . (139) ». La crédulité des uns n'a d'égal que la fatuité des autres. Et pourtant, Cartier souscrira apparemment aux *mirabilia* décrites par Donnacona. Lequel est le plus naïf ? Il faut aussi souligner que les « finesses » des Français ne sont pas aussi inoffensives que celles de leurs interlocuteurs. En avril 1536, Cartier décide à son tour de « jouer finesse » : elle consiste rien moins qu'à « prandre leur seigneur, Taignoagny, dom Agaya et des principaulx (175) ».

La guérison miraculeuse du scorbut par l'*anneda* (cèdre blanc), suggéré *in extremis* par les Amérindiens, après plusieurs semaines de vaines prières, est un épisode empreint de merveilleux chrétien. Ce passage montre bien que ce qui est prodigieux pour les uns ne l'est pas nécessairement pour les autres. Pour les Français, il s'agit d' « ung vrai et évident miracle (172) ». Notons d'ailleurs que la décoction du cèdre blanc guérit non seulement le scorbut mais aussi la plupart des maladies, y compris la syphilis :

> . . . car de toutes maladies de quoy ilz [les malades] estoient entachéz, après en ayoyr beu deux ou troys foys, recouvrèrent santé et guari-

zon, tellement que tel y avoyt des dictz compaignons, qui avoyt la grosse vérolle puis cinq ou
six ans auparavant la dicte maladie, a esté, par
icelle médecine, curé nectement (172).

Il arrive donc que l'élément merveilleux soit une
source supplémentaire de malentendu. À Hochelaga,
les Indiens semblaient croire à leur tour que les Européens disposaient de quelque puissance occulte :
n'amenait-on pas des vieillards et des infirmes à Cartier
pour qu'il les guérisse ? Les indigènes de Stadaconé se
sont peut-être opposés à ce voyage à Hochelaga parce
qu'ils craignaient précisément que les Français ne
missent leur pouvoir magique au service d'une tribu
rivale. Ainsi, les Amérindiens attribuaient un pouvoir
surnaturel aux Français tandis que ceux-ci, tout en se
moquant de leurs cérémonies magiques, croyaient en
l'existence du royaume de Saguenay et d' « autres merveilles ». L'élément merveilleux s'insinuait dans les rapports entre Français et Amérindiens pour les brouiller
un peu plus.

## 8. « En manière de prologue »*

On trouve au début de la relation du deuxième voyage du navigateur malouin publiée à Paris en 1545 une épître adressée au « Très-Chrestien Roy François, premier de ce nom[1] ». C'est un document de premier ordre sur les dispositions intellectuelles des explorateurs, un singulier alliage de rationnel et de surnaturel. On s'attendrait à ce que la lettre dédicatoire fasse ressortir l'importance de la « descouverture des terres occidentalles » : elle le fait, mais après de bien curieux détours. Le narrateur souligne d'abord les connotations religieuses de l'astronomie pré-copernicienne et, du même souffle et sans crainte du paradoxe, la nature révolutionnaire du concept d'expérience. Une éloquence cicéronienne anime le texte que Cartier présente « en manière de prologue de ce myen petit labeur » et qui s'oppose au ton mesuré, parfois sévère, du récit de voyage. Contrairement à ce qu'a pu croire Lionel

---

* Sous le titre « Le soleil, la croix, l'épée », ce chapitre a paru, précédé de la première section du premier chapitre, dans la revue *Études littéraires* (avril 1974) publiée par les Presses de l'Université Laval qui m'ont accordé l'autorisation de le reproduire.
[1] *Les Français en Amérique pendant la première moitié du XVIe siècle*, p. 115-118.

Groulx, la dédicace et la relation n'ont certainement pas été rédigées par le même homme[2]. L'importance politique de celle-là a dû inciter Cartier à faire appel à un écrivain de métier. L'édition québécoise de 1843[3] suggère le nom de François de Belleforest, un historiographe qui ne voyagea jamais hors de France mais acquit une réputation en commentant *la Cosmographie universelle* de Sébastien Munster (1575). Quoi qu'il en soit, la lettre dédicatoire se charge essentiellement d'expliciter le système de valeurs que recèle le journal de bord.

### AU ROY TRÈS-CHRESTIEN.

Considérant, ô mon très redoubté prince, les grant[z] bien et don de grace qu'il a pleu à Dieu, le Créateur, faire à ses créatures, et entre les aultres de mectre et asseoirs le souleil, qui est la vie et congnoissance de toutes icelles, et sans lequel nul ne peut fructifier ny générer en lieu et place, là où il a son mouvement et déclinaison, contraire et non semblable aux aultres planectes ; par lesquels mouvement et déclinaison, toutes créatures estantes sur la terre, en quelque lieu et place qu'elles puissent estre, en ont, ou en pevent avoir, en l'an dudict souleil, qui est 365 jours et six heures, aultant de veue occulaire, les ungs que les aultres ; non qu'il soit tant chault et ardant es ungs lieux que es aultres, par ses rayz et réverbérations, ny la division des jours et nuictz en pareille égalité, mais suffist qu'il est de telle sorte et tant tempérement, que toute la terre est, ou peult estre habitée en quelque zone, climat, ou parallèle que ce soit ; et icelle[s]

---

[2] « Le document n'est pourtant ni d'une telle facture, ni d'un style si différent des relations des voyages qu'il faille à tout prix l'attribuer à un autre que Cartier. D'autant qu'on retrouve ici, comme dans les relations, l'usage assez fréquent du *je*. » *La Découverte du Canada. Jacques Cartier*, p. 148.

[3] *Voyages de découverte au Canada*, p. IV.

avecq les eaulx, arbres, herbes et toutes autres
créatures, de quelque[s] genre[s] ou espèce[s]
qu'elles soint, par l'influance d'iceluy souleil,
donner fruictz et générations, selon leurs
natures, pour la vie et nourriture de créatures
humaines. Et si aucuns vouloint dire le contraire
de ce que dessus, en allégant le dict des saiges
philozofes du temps passé, qui ont escript et
faict division de la terre par cinq zones, dont ilz
ont dict et affermé troys inhabitables, c'est assa-
voir, la zone toride, qui est entre les deux tropic-
ques ou solistices, pour la grant challeur et ré-
verbération du souleil, qui passe par le zenill
[des testes des habitans] de ladicte zone et les
deux zones articque et antarticque, pour la grant
fr[o]ideur qui est en icelles, à cause du peu d'élé-
vation qu'ilz ont dudict souleil et autres raisons,
je confesse qu'ilz ont escript de la manière, et
croy fermement qu'ils le pensoint ainsi, et qu'ilz
le trouvoint par aucunes raisons naturelles, là où
ilz prenoint leur fondement, et d'icelles se con-
tentoint seulement, sans aventurer ny mectre
leurs personnes aux dangers esquelz ilz eussent
peu encheoirs à chercher l'expériance de leur
dire. Mais je diray pour ma réplicque, que le
prince d'iceulx philosophes a lessé, par my ses
escriptures, ung bref mot de grande conséquance, qui dict que experiantia est rerum magistra ; par l'enseignement duquel, j'ay ozé en-
treprandre de adrécer à la veue de vostre
magesté roialle cestuy propros, en manière de
prologue de ce myen petit labeur ; car, suyvant
vostre roial commandement, les simples mariniers de présent, non ayans eu tant de craincte
d'eulx mectre en l'aventure d'iceulx périlz et
dangers qu'ilz ont eu et ont désir de vous faire
très-humble service, à l'augmentation de la très-
saincte foy chrestienne, ont congneu le contraire d'icelle oppinion desdictz philozophes,
par vraye expériance.

J'ai allégué ce que davant, pource que je
regarde que le souleil, qui, chaincun jour, se
lïève à l'oriant et se reconse à l'occidant, faict le
tour et circuyt de la terre, donnant lumière et
challeur à tout le monde en vingt quatre heures,
qui est ung jour naturel, sans aucune inter-
ruption de son mouvement et cours naturel. À
l'exemple de quoy, je pense en mon simple entendement, et sans autre raison y alléguer, qu'il
pleust à Dieu, par sa divine bonté, que toutes
humaines créatures, estantes et habitantes sur le
globe de la terre, ainsi qu'elles ont veue et co-
gnoessance d'iceluy souleil, aint eu et ayent
pour le temps à venir, congoissance et créance
de nostre saincte foy. Car premièrement icelle
nostre très-saincte foy a esté semée et plantée en
la Terre Saincte, qui est en l'Asye, à l'oriant de
nostre Europe, et dempuis, par succession de
temps, apportée et divulguée jucques à nous ; et
finablement en l'occident de nostre [-] dicte
Europpe, à l'exemple dudict souleil, portant sa
clarté et challeur d'oriant en occidant, comme
dict est. Et pareillement auxi avons veu icelle
nostre très-saincte foy, par pluseurs foyz, à l'occasion des meschans hérétiques et faulx législa-
teurs, éclipser en aucuns lieux, et dempuis
soubdainement reluire et monstrer sa clarté plus
appertement que auparavant. Et maintenant
uncores à présent, voions comme les meschans
Luthériens [apostatz et imitateurs de Mahonnet]
de jour en aultre, s'efforcèrent d'icelle obnubil-
ler, et finablement du tout estaindre, si Dieu et
les vrayz suppostz d'icelle n'y donnoint ordre
par mortelle justice, ainsique on voit faire chaincun jour, en voz pays et royaulme par [le] bon
ordre et police que y avez mys. Pareillement
auxi voit on comme, au contraire d'iceulx enfens
de Satan, les princes chrestiens et vrays pilliers
de l'Église catolicque s'efforcent, de jour en
aultre, d'icelle augmenter et acroistre, ainsi que
a faict le catholicque Roy d'Espaigne es terres
qui, par son commandement, ont esté descou-

vertes à l'occidant de ses pays et royaulmes[s, les] quelles auparavant, nous estoint incongneues, estranges et hors de nostre foy, comme la Neufve Espaigne, l'Ysabelle, Terre Ferme et aultres ysles, où on a trouvé innumérable peuple(s) qui a esté baptisé et réduict à nostre très-saincte foy.

Et maintenant en la présente navigation, faicte par vostre roial commandement, en la descouverture des terres occidantalles, estantes soubz les clymatz et parallelles de voz pays et roiaulme, non auparavant à vous ny à nous congneues, pourrez veoirs et savoir la bonté et fertilité d'icelle[s] la innumérable cantité des peuples y habitans, la bonté et paisibleté d'iceulx, pareillement la fécondité du grant fleuve qui décourt et arouse le parmy d'icelles voz terres, qui est le plus grant sans conparaison, que on saiche jamais avoir veu. [Les] quelles choses donnent à ceulx qui les ont veues, certaine espérance de l'augmentation future de nostredicte très-saincte foy, [&] de voz seigneuries et nom très-chrestien, ainsi qu'il vous plaira veoir par ce [stuy] présent petit livre, auquel sont amplement contenues toutes les choses dignes de mémoire que avons veues et qui nous sont avenues, tant en faisant ladicte navigation que estans et faisans séjour en vosdictz pays et terres, les rottes, dangers et gisemens dicelles terre.

La lettre peut se diviser en trois parties coïncidant avec les trois paragraphes des éditions modernes :

1. *Considérations astronomiques*
2. *Portée religieuse de l'astronomie*
3. *Intérêt de la « descouverture »*

1. La première partie se présente comme un véritable hymne au Soleil « qui est la vie ». L'astre divin or-

ganise l'espace et le temps, assure à toutes les créatures, « en quelque lieu et place qu'elles puissent
estre », la connaissance « occulaire ». Le soleil et la lune
sont les garants, au-delà de la multiplicité des mondes,
de l'unité de l'univers. Le soleil tourne autour de la
terre, a « son mouvement et déclinaison, contraire et
non semblable aux aultres planectes », suivant les prin-
cipes d'Aristote et de Ptolémée. Copernic avait publié
son *De revolutionibus orbium coelestium* deux ans plus
tôt mais ses théories n'avaient pas encore suscité de
l'intérêt. « Toute la terre est, ou peut estre habitée en
quelque zone, climat ou parallèle que ce soit », contrairement à ce qu'ont affirmé péremptoirement de
« saiges philozofes du temps passé », qui ont divisé la
terre en cinq zones, « dont ilz ont dict et affermé troys
inhabitables » (torride, arctique, antarctique)[4]. L'opinion de ces éminents penseurs qui se contentaient de
raisons naturelles, « sans aventurer ny mectre leurs
personnes aux dangers esquelz ilz eussent peu encheoirs à chercher l'expériance de leur dire », est con-
tredite par l'expérience pratique de simples mariniers.
À l'humanisme livresque, Cartier oppose le progrès par
l'expérience vécue. Le capitaine du Roy est donc
amené à faire le procès de la philosophie qui ne tient
pas compte des réalités de la vie. Avant Pascal, Cartier
met les philosophes en contradiction avec eux-mêmes,
opposant à « aucunes raisons naturelles » un « bref mot
de grande conséquance » d'Aristote : experiantia est
rerum magistra. Le marin français n'est pas le seul à
faire l'éloge de l'expérience ; pareille apologie est même
un topique des relations du temps (Acosta, Colomb,
Vespucci, Oviedo). Dans son journal brésilien publié à

---

[4] On retrouve la même idée sous la plume de Marc Lescarbot : « C'est
ainsi que le siècle dernier a trouvé la zone torride habitable & la curiosité
des hommes a osé chercher & franchir les antipodes que plusieurs anciens
n 'avoient sceu comprendre. » *Histoire de la Novvelle-France*, II, p. 214.

Genève en 1578, Jean de Léry remet lui aussi en question « la commune opinion des philosophes[5] » pour « parler de science, c'est-à-dire de vue et d'expérience, de choses[6] ».

2. La deuxième partie de l'épître développe judicieusement des images de perfection circulaire : « le tour et circuyt de la terre », « le globe de la terre[7] ». Cartier rappelle la trajectoire du soleil qui va de l'Orient à l'Occident. Or cette trajectoire a un *sens,* celui que lui donne le Créateur « par sa divine bonté ». Possédé par le démon de l'analogie (« À l'exemple de quoy », « Et pareillement auxi »), il estime « en [son] simple entendement » que l'orbite de « nostre saincte foy » doit être analogue, car la trajectoire de l'astre solaire manifeste clairement rien moins que la volonté divine. Le soleil est le guide fulgurant du conquistador.

> Car premièrement icelle nostre très-saincte foy a esté semée et plantée en la Terre Saincte, qui est en l'Asye, à l'oriant de nostre Europe, et dempuis, par succession de temps, apportée et divulguée jucques à nous ; et finalement en l'occidant de nostre-dicte Europpe, à l'exemple dudict souleil, portant sa clarté et challeur d'oriant en occidant, comme dict est.

Comme la plupart de ses contemporains, l'auteur de l'épître a une vision providentialiste de l'histoire ; le pilote Cartier est l'instrument de Dieu, chargé d'apporter la paix française aux Iroquois dont la civilisation

---

5 *Journal de bord en la terre de Brésil,* p. 176.
6 *Ibid.,* p. 407.
7 La lettre est elle-même circulaire dans la mesure où la finale reprend la même formule qu'au début : « Et maintenant en la présente navigation, faicte par vostre roial commandement, en la descouverture des terres occidantalles, estantes soubz les clymatz et parallelles de voz pays et roiaulme ... »

paraissait bien moins brillante que celle des Incas ou des Aztèques. Les images astronomiques viennent donner plus d'éclat aux convictions religieuses :

> Et parreillement auxi avons veu icelle nostre très-saincte foy, par pluseurs foyz, à l'occasion des meschans héréticques et faulx législateurs, éclipser en aucuns lieux, et dempuis soubdainement reluire et monstrer sa clarté plus appertement que auparavant. Et maintenant encores à présent, voions comme les meschans Luthériens (apostatz et imitateurs de Mahonnet) de jour en aultre, s'efforcèrent d'icelle obnubiller, et finablement du tout estaindre ...

*Éclipser, reluire, clarté, obnubiler, éteindre,* ces termes aux significations bivalentes suggèrent habilement le combat sacré contre les forces nocturnes. Comme il s'agit d'« augmenter et accroître » le royaume catholique, Cartier ne manque pas de souligner au passage les erreurs des « meschans » Luthériens, ces « enfens de Satan ». Le délire analogique conduit au fanatisme et à l'apologie de la « mortelle justice » répressive. Le très-catholique roi d'Espagne ne donne-t-il pas l'exemple « es terre qui, par son commandement, ont esté descouvertes à l'occident de ses pays et royaulmes, lesquelles auparavant, nous estoint incogneues, estranges et hors de nostre foy » ? Cartier justifie donc aux yeux de François 1er l'entreprise d'exploration en stimulant son sens de la compétition. Champlain[8] et Lescarbot[9] ne procèderont pas autrement avec leurs illustres destinataires.

---

[8] Voir *infra.*

[9] « Quoy donc, Sire, l'Espagnol se vantera-t-il que par-tout où le Soleil luit depuis son reveil jusques à son sommeil il a commandement ; Et vous premier Roy de la terre, fils ainé de l'Église, ne pourrez pas dire le même ? » *Histoire de la Novvelle-France,* II, p. 212. Voir aussi p. 216.

3. Dans la troisième partie de sa lettre, Cartier revient à l'intérêt de la « présente navigation » et rappelle que les astres expriment la volonté de Dieu. Il insiste enfin sur la portée économique de l'entreprise : « Car les navires ne poursuivent l'autre bout du monde, écrit Pierre Perrault, que dans l'espoir de retrouver le verger qui donne les fruits d'or[10] ». Cartier souligne « la bonté et fertilité » des terres, « la bonté et paisibleté » des indigènes, exalte « la fécondité du grant fleuve [...] qui est le plus grant sans conparaison, que on saiche jamais avoir veu. »

*Voir* est répété pas moins de cinq fois dans la dernière partie. Le regard des simples mariniers est lié à la notion nouvelle — et pourtant ancienne — d'expérience. La conscience occidentale s'achemine vers une nouvelle définition de la vérité, axée sur le vu et le vécu. Pour le moment, la connaissance positiviste est mise au service d'une foi conquérante.

La lettre frappe par la logique de sa démonstration qui comporte trois temps bien prononcés. La démarche intellectuelle est étonnamment « rigoureuse », du moins pour l'époque qui n'apprécie pas toujours les constructions nettes. Les enchaînements « logiques » sont fortement marqués, le je s'affirme non sans fierté (nous sommes à l'époque des « personnalités hors série[11] » : *je confesse, je dirai, j'ai osé, pour ma réplicque* . . . Voilà donc un texte remarquablement structuré pour une époque souvent brouillonne, un spécimen intéressant de cette langue du XVIe siècle qui, suivant Karl Vossler, se caractérise par « une tendance assez nette à

[10] *Toutes Isles*, p. 57.
[11] Jean Delumeau, *la Civilisation de la Renaissance*, p. 377.

l'enchaînement rigoureux des phrases » tout en conser-
vant son caractère subjectif et lyrique[12].

Avec ce document, nous sommes aux confins du
Moyen Âge et de la Renaissance. La science astrono-
mique de Cartier appartient au Moyen Âge, de même
que sa religion monolithique. Le navigateur développe
néanmoins l'idée féconde d'expérience, laquelle est
liée étroitement au sens de la « vision occulaire », et par
là il est un homme de la modernité.

Comparons l'épître attribuée à Cartier avec une
lettre que Champlain, depuis Québec, adresse à Richelieu le 15 août 1633[13]. Deux ans avant sa mort, Champlain demande au cardinal « cent vingt hommes armés
à la légère » afin de se rendre « maistre absolu » des
peuplades amérindiennes. Il veut imposer l'autorité de
Richelieu dans les terres occupées sporadiquement par
les Iroquois, les Anglais et les Flamands, libérer « les rivières et chemins », augmenter « le culte de la religion
et [favoriser] vn traficq incroyable ».

Cartier et Champlain soulignent tous deux que les
nouvelles terres se trouvent « sur les mesmes paralelles
de nostre France », ce qui, en plus de favoriser la traversée océanique, leur donne d'office un droit de
possession. Dans sa lettre, Cartier va même plus loin : il
n'hésite pas à faire la leçon à François Ier, le pressant
de prendre en considération ses propres découvertes et
l'invitation précise que Dieu lui fait par l'entremise de
son astre solaire. Avec les ménagements d'usage,
Cartier dicte sa conduite au roi alors que Champlain se
contente de renouveler son serment de « très humble,
très fidelle et très obeissant serviteur » : il affirme qu'il

---

[12] *Langue et culture de la France*, p. 236.
[13] *Les Voyages de Samuel Champlain*, p. 358-359.

n'épargnera ni son sang, ni sa vie « dans les occasions qui se pourroient rencontrer ». La demande de Champlain qui vise particulièrement à « l'augmentation future de nostredicte très-saincte foy, & de voz seigneuries et nom très-chrétien » est beaucoup plus précise que celle de Cartier.

On retrouve dans la lettre de Champlain l'image de la trajectoire solaire d'Orient en Occident. Mais alors que Cartier la développait dans une perspective de propagation catholique, Champlain lui donne une dimension strictement politique[14] : la renommée de Richelieu a remplacé l'expansion religieuse, Monseigneur a remplacé le Créateur.

L'image du pays offerte par Cartier est plus globale que celle de Champlain qui s'arrête davantage aux détails. Ainsi, Champlain ne mentionne pas seulement le fleuve mais aussi les rivières et les « lacqs de plus de quatre centz lieues ». Cartier couronnait sa lettre en signalant « la fécondité du grant fleuve » ; c'est par là que Champlain, plus pratique, commence.

À la fin de sa lettre, Cartier mentionne incidemment « la innumérable cantité des peuples » et leur « paisibleté ». Dans un texte encore plus court que celui de Cartier, Champlain réussit à donner plus de détails sur les habitants, les terres, la faune et la flore. Celui-ci connaît indiscutablement mieux le pays que celui-là :

---

[14] La même image solaire est reprise par Lescarbot, dans la même perspective : « Il vous faut, di-je, (o chere Mere [France]) faire vne alliance imitant le cours du Soleil, lequel comme il porte chaque jour sa lumière d'ici en Nouvelle-France : Ainsi, que continuellement vôtre civilité, vôtre justice, vôtre piété, bref vôtre lumiere se transporte là-même par vos enfans, léquels d'orenavant par la frequente navigation qu'ilz feront en ces parties Occidentales seront appelés Enfans de la mer, qui sont interprétés Enfans de l'Occidēt, selon la phraze Hebraïque, en la prophetie d'Osée. » *Histoire de la Novvelle-France*, II, p. 217.

Champlain souligne avec raison que, fréquentant ces contrées depuis trente ans, il en a une « parfaicte cognoissance ».

## CARTIER

Car premièrement icelle nostre très-saincte foy a esté semée et plantée en la Terre Saincte, qui est en l'Asye, à l'oriant de nostre Europe, et dempuis, par succession de temps, apportée et divulguée jucques à nous ; et finablement en l'occidant de nostre dicte Europpe, à l'example dudict souleil, portant sa clarté et chaleur d'oriant en occidant, comme dict est.

## CHAMPLAIN

Monseigneur, pardonnez s'il vous plaist à mon zele et sy je vous dis que, après que vostre renommée ce sera estendue en l'Orient, que la fassiés achever de congnoistre en l'Occident . . .

Alors que l'épître de Cartier constitue un essai qui développe lyriquement des arguments scientifiques et religieux, la lettre de Champlain se présente comme un dossier succinct mais complet d'un administrateur dévoué. Le lyrisme fait place au sens des affaires.

## 9. Terre de Caïn

> « Pour n'y avoir des violons & autres re-
> creations en la Nouvelle-France, il n'y a
> encore lieu de se plaindre : car il est fort
> aisé d'y en mener. »
>
> Lescarbot, II, p. 218.

Jacques Cartier est chargé de trouver la route du Nord-Ouest vers la Chine, le « grand Cataia oriental » de Pigafetta, et de « descouvrir certaines ysles et pays où l'on dit qu'il se doibt trouver grant quantité d'or et autres riches choses[1] ». Le prudent « on dit » souligne l'importance de la tradition orale à l'époque des explorations. À moins qu'il ne vienne en droite ligne du rapport de Verrazzano, comme le suggère Marcel Trudel. Mais retenons surtout que les îles exerçaient un attrait irrésistible auprès des voyageurs de la Renaissance qui avaient tous entendu parler des milliers d'îles Fortunées « qui auraient fourni à l'Asie comme un collier de perles[2] » et que Colomb crut avoir

---

[1] H. P. Biggar, *A Collection of Documents relating to Jacques Cartier and the Sieur de Roberval*, p. 42.

[2] Jean Delumeau, *la Civilisation de la Renaissance*, p. 58. Voir l'excellente note de Roger Le Moine sur les îles Fortunées dans *l'Amérique et les poètes français de la Renaissance*, p. 306.

trouvées en abordant aux Antilles. Les explorateurs avaient aussi eu vent des îles Bienheureuses où souhaitait se rendre un Ronsard pour être « Loin de l'Europe & loin de ses combas[3] », de l'île de Jambole qui était, selon un compilateur de l'époque, « comme un Paradis terrestre, et où les hommes ont deux langues[4] », et de combien d'autres îles imaginaires.

> Les Celtes se sont toujours représenté l'Autre Monde et l'Au-delà merveilleux des navigateurs irlandais sous la forme d'îles localisées à l'ouest (ou au nord) du monde. [...] L'île est [...] un monde en réduction, une image du cosmos, complète et parfaite, parce qu'elle présente une valeur sacrale concentrée. La notion rejoint par là celle du temple et du sanctuaire[5].

L'homme de la Renaissance mettait dans l'île lointaine, attirante, mystérieuse, tous les mythes que lui offrait la tradition antique ou médiévale (Atlantide, Âge d'or, Paradis terrestre), tous ses rêves de richesse, de bonheur et son goût vif du fantastique. Le témoin critique de son temps y trouvait un cadre idéal pour une *utopia*.

À la fin du XIIIe siècle, Marco Polo avait découvert une grande île à l'est de la Chine : l'or y abondait, servant spécialement à fabriquer les toits des édifices. Polo nomma cette île Cypango. En 1542 seulement, on y reconnut le Japon. Polo évoquait aussi l'existence en la mer de Cypango de milliers d'îles où tous les arbres étaient imprégnés de parfum. C'est à la recherche de

[3] Pierre de Ronsard, « les Isles Fortunées », dans *Oeuvres complètes*, éd. Laumonier, vol. 5, Paris, Hachette, 1928, p. 179.
[4] Gilbert Chinard, *l'Exotisme américain dans la littérature française au XVIe siècle*, p. 25, n. 1.
[5] *Dictionnaire des symboles*, p. 418-419.

l'île de Brasil ou des Sept Cité que le Gênois Giovanni
Cabotto partit en 1497.

Dès lors on peut aisément deviner combien les îles
nourrissent l'exaltation qu'éprouvent les compagnons
de Cartier abordant les régions lointaines. Le début de
la première relation fait état du ravissement des
Français qui découvrent un nombre incroyable d'îles.
C'est d'abord au large de Terre-Neuve l'île des
Oiseaux, le premier coin de terre qu'abordera Cartier
lors de sa deuxième expédition, « avironnée et circuitte
|entourée| d'un bancq de glasses, rompues et départies
par pièces (80) », fréquentée par de nombreux pingouins et fous de Bassan. Le capitaine breton songe-t-il
que, suivant une saga irlandaise du Xe siècle, l'ermite
saint Brandan, parti à la recherche du Paradis terrestre,
avait lui aussi découvert une île aux oiseaux ? Puis se
succèdent l'île de Kirpon, « les deux Belles Isles (83) »,
l'île saincte Katherine, l'île de Bouays, une autre île des
Ouaiseaulx, le havre des Islettes, près de Blanc
Sablon . . . À l'ouest du port de Brest, à la baie du
Saumon, les îles sont si nombreuses qu'il est impossible
de les dénombrer toutes. Il y a encore les Sept Isles,
l'île d'Assumption |Anticosti|, l'île aux Couldres, l'île
de Bacchus |d'Orléans|, d'Hochelaga . . . Il n'est guère
étonnant que Cartier conclut, à la suggestion des indigènes, à l'insularité de l'ensemble du territoire dont il
prend possession, l'Outaouais communiquant avec le
Saguenay par la Gatineau et la Chamouchouan[6]. Les
explorateurs vikings de la Vinlandia Insula en sont
venus à la même conclusion :

---

[6] « |L|'erreur de Cartier vient de ce que les sauvages lui ont dit qu'ils pou-
vaient se rendre directement de la rivière des Outaouais au Saguenay, et
Cartier en a conclu qu'il y avait une route d'eau continue, alors qu'en
réalité le trajet est coupé de nombreux portages. » Marcel Trudel, *Histoire
de la Nouvelle-France*, I, p. 109.

Et nous ont dict que le tout de la terre, despuis ladicte première ripvière jusques audict Hochelaga, et Saguenay, est une ysle, laquelle est circuitte et envyronnée de ripvières et dudict fleuve ; et que, passé ledict Saguenay, va ladicte ripvière, entrent en deux ou troys grands lacqs d'eaue, fort larges ; puys, que l'on trouve une mer doulce, de laquelle n'est mention avoyr veu le bout, ainsi qu'ilz ont ouy par ceulx du Saguenay ; car ilz nous ont dict n'y avoyr esté (167).

L'insularité du « tout de la terre » est d'ailleurs mise en évidence dans le titre même de la relation du deuxième voyage que Cartier publia à Paris en 1545 : *Brief récit, & succincte narration de la navigation faicte es ysles du Canada, Hochelaga & Saguenay & autres . . .*

Cependant, les îles sont aussi à l'image du fleuve, du pays tout entier : elles ne sont pas toujours accueillantes, les bas-fonds réservent des surprises désagréables aux marins aventureux. Ainsi, à l'embouchure du Saguenay,

y a deux ysles [l'île Verte et l'îlot Rouge ], à l'entour desquelles, à plus de troys lieues, n'y a que deulx et trois brasses, seméez de gros perron [blocs de pierre], comme thonneaulx et pippes, et les marées décepvantes par entre lesdictes ysles, de sorte que cuydasmes y perdre nostre gallion, sinon le secours de noz barques (129).

L'île pouvait être Fortunée ou Infortunée, royaume ou prison, Eldorado ou enfer. Cartier offrit à Taignoagny de laisser son ennemi Agona à Terre-Neuve : « il le meptroit en une ysle (176) ». On songe évidemment à cette île des Diables où Roberval aurait laissé une parente coupable d'avoir eu une liaison avec un gentilhomme pendant la traversée : Marguerite de

Navarre en fit le sujet de la 67e nouvelle de son *Heptaméron*.

*

La mission officielle de Cartier n'est guère différente de celle dont Verrazzano fut chargé par François 1er en 1523. L'accent est mis résolument sur la recherche des métaux précieux. Le dessein de Cartier, c'est celui du roi et des banquiers italiens de Lyon et de Rouen : il s'agit de trouver un passage à l'ouest vers le pays de l'or et des épices. La commission de 1540, malgré l'hypothèse de Verrazano, décrit avec assurance le « grand pays des terres de Canada et Ochelaga » comme « faisant un bout de l'Asie du costé de l'occident[7] ». En effet, géographes, armateurs et explorateurs croyaient que les terres-neuves représentaient un appendice du Cathay : « On pouvait même se demander, note Charles-André Julien, s'il n'existait pas une barrière continue ou fragmentée entre l'Europe et l'Asie, aussi la découverte d'un passage hantait-elle l'esprit des hommes d'affaires et des marins[8] ». Les Français voulaient encore en 1541 « atteindre (s'il étoit possible) à la connoissance du païs de Saguenay duquel les gens amenés par le dit Cartier [...] avoient rapporté au roy qu'il s'y trouvoit de grandes richesses et de très bon païs (188) ».

La recherche d'un passage demeure donc l'objectif constant, explicite. Le mot « passage » revient d'ailleurs partout, dans les ordres du roi, dans les mémoires, dans les relations, comme un leitmotiv, une obsession. Lors de son premier voyage, trompé par les « grandes

---

[7] H. P. Biggar, *op. cit.*, p. 42.
[8] *Les Français en Amérique pendant la première moitié du XVIe siècle*, p. 8.

marées » des îles de Margaulx et Brion, Cartier fait la
constatation suivante :

> Je présume mielx [mieux] que aultrement, à ce
> que j'ay veu, qu'il luy aict aulcun passaige entre
> la Terre Neuffve et la terre des Bretons. Sy ainsi
> estoict, se seroict une grande abreviacions tant
> pour le temps que pour le chemyn, si se treuve
> parfection en ce voyage (92).

Le but de Jacques Cartier est de trouver un rac-
courci vers l'Orient, une « abréviacions ». Après tout,
s'il explore l'espace, c'est pour sauver du temps. À
défaut d'un détroit, il se contenterait bien d'un « fo-
rillon », comme celui qui lui permet en 1534 de passer
entre les Rochers-aux-Oiseaux, au nord des îles de la
Madeleine :

> Et lors que appareillames, le vent estait no-
> rouaist et fymes courrir au surouaist quinze
> lieues, et vynmes trouver trois isles, dont y en
> avoit deux petittes et acorez [dressées] comme
> murailles, tellement que possible n'est de
> monter dessurs ; entre lesquelles y a ung forillon
> (91).

La toponymie elle-même témoigne de l'objet particulier de la mission de Cartier et des espoirs qu'il en-
tretient. Au nord de la baie de Miramichi, il découvre
« une grande baye et ouverture » qu'il explore soi-
gneusement pendant huit jours : «Et ladite parfondeur
et laisse [largeur] et changement de terres, eumes
espoir de y trouvés le passage, comme il luy a au
passage des Chasteaulx. [...] Le cap de ladite terre du su
fut nommé cap d'Espérance (98-99) ». Le lendemain,
les marins explorèrent le fond de la baie dans l'espoir
de trouver un passage ; ils en revinrent « dollans et
masriz » : « Au font de laquelle baye, y abvoict, par

dessur les bassez terres, des terres à montaignes, moult haultes. Et voyant qu'il n'y abvoict passaige, commanczames à nous en retournez (101) ».

Grande aussi fut la déception lorsque, début août 1534, Cartier chercha en vain pendant cinq jours une issue entre l'île d'Anticosti et la côte Nord. Il faillit d'ailleurs y laisser une barque :

> Nous rangasmes [longeâmes] lesdites terres, tant d'une part que d'aultre, faissant le noruoest, pour veoyr s'il c'estoit baye ou passage, jusques au cinquiesme jour dudit moys, — il y a de l'une terre à l'aultre envyron XV lieues, et le parmy en cinquante degréz ung tiers en latitude — sans jamais pouvoyr gagner dedans icelle plus que envyron XXV lieues, pour la difficulté des grandz ventz et maréez contraires, qui là estoient (109).

Après avoir réuni les « cappitaines, pillottes, maystres, et compagnons, pour avoyr l'oppinion et advys de ce qu'il estoit bon de faire (110) », Cartier se résolut à rentrer à Saint-Malo[9].

Les indications des Amérindiens ne convainquaient Cartier qu'à demi : il ne voulait rien laisser au hasard. Lors du deuxième voyage, il put enfin dépasser l'île d'Anticosti, mais avant de remonter le fleuve « qui va si loing, que jamays homme n'avoit esté jusques au bout », il refusa de « passer oultre » avant de s'être assuré par lui-même qu'il n'y avait aucun passage sur l'une ou l'autre rive :

---

[9] « A very sensible decision, commente Morison, and it was just like Cartier to take the others into his confidence and solicit their views. Very few captains did that, especially in the age of discovery. » *The European Discovery of America*, p. 378.

> Et voyant leur dire, et qu'ilz affermoient n'y avoir aultre *passaige,* ne voullut ledict cappitaine *passer* oultre, jusques à avoir veu la reste de ladicte terre, et coste devers le nort, qu'il avoit obmis à veoyr dempuys la baye sainct Laurens, pour aller veoyr la terre du su, pour veoyr s'il y avoit aucun *passaige.* [...] Et lors que nous fumes certains que ladicte coste estoit rangée [longée], et qu'il n'y avoit nul *passaige ;* retournasmes à noz navires, qui estoient esdictes Sept Ysles, où il y a bonne raddes à XVIII et à vingt brasses, et sablon (125-127).

Fin septembre 1535, Cartier et ses mariniers atteignaient le lac d'Angoulême (Saint-Pierre). Nouvelle appréhension de ne pas trouver d'ouverture :

> Et nous arrivant à l'un des boutz dudict lac, ne nous apparessoit aucun *passaige* ny sortie, ains [mais] nous sembloit icelluy estre tout cloz, sans aucune ripvière ; et ne trouvasmes audict bout que brasse et demye ; dont nous convint poser et mectre l'ancre hors, et aller chercher *passaige* avecq noz barques (142).

Au fond, Cartier ne songe guère à s'attarder dans l'estuaire du Saint-Laurent. Ce qu'il cherche avec une impatience fébrile en scrutant les côtes du golfe, en décrivant des boucles dans le fleuve trop large, c'est le détroit qui mènerait au fabuleux Cathay, au riche Saguenay des Amérindiens dont les provinces de Canada et d'Hochelaga ne constituent qu'une barrière à la fois attrayante et périlleuse. « La perfection que cherche Jacques Quartier, confirme Lescarbot, est de trouver un passage pour aller par là en Orient[10] ». Si Cartier est découvreur du Canada, c'est bien malgré lui. Étrange découvreur qui, comme le Colomb des Antilles, ne

---

[10] Marc Lescarbot, *Histoire de la Novvelle France,* II, p. 402, note 2.

songe qu'à passer ! Ce sont les rapides d'Hochelaga qui forcent Cartier à s'arrêter et à rebrousser chemin, de même que les difficultés de communication avec les indigènes. Il doit en effet renoncer à pousser plus loin sans l'aide des autochtones qui connaissent le pays mieux que lui.

*

Cartier appréciait les havres accueillants mais non les terres arides de la côte Nord qu'il visita pour la première fois en juin 1534 avant de bifurquer vers la côte occidentale de Terre-Neuve. Avec une étonnante sincérité, il nota que ces terres n'étaient que

> pierres et rochiers effrables et mal rabottéz ; car en toute ladite coste du nort, je n'y vy une charetée de terre, et si descendy en plusseurs lieux. Fors [excepté] à Blanc Sablon, il n'y a que de la mousse, et de petiz bouays avortéz. Fin, j'estime mieulx que aultrement, que c'est la terre que Dieu donna à Cayn (87).

L'expression « terre de Caïn » d'inspiration biblique exprime adéquatement la répugnance que Cartier éprouvait parfois devant le paysage laurentien. « Terre de Caïn » représente exactement la réaction des explorateurs français en lutte contre les rapides, les tempêtes, les hivers, le scorbut, les Amérindiens[11]. Beaucoup plus tard, après avoir à son tour visité la côte Nord, Arthur Buies exprimera son effroi en des termes qui ne sont pas sans rappeler ceux du capitaine de Saint-Malo : « la malédiction semble semée à chaque pas sur cette terre ingrate et l'on dirait que l'homme y

---

[11] La figure de Caïn s'imposa également au réformé Jean de Léry lorsqu'il qualifia le cruel Villegagnon de « Caïn de l'Amérique ». *Journal de bord en la terre de Brésil*, p. 201.

traîne le poids d'une expiation fatale[12] ».

Les relations de Cartier sont bien, suivant l'expression de Pierre Perrault, « la chronique d'un pays difficile[13] ». Les « périlz et dangers » que Cartier mentionnait dans sa lettre dédicatoire au roi n'étaient pas abstraits. Il y avait d'abord les traversées de l'Atlantique, pleines d'imprévus. Pigafetta avait évoqué « les très grandes et épouvantables choses de la mer océane[14] ». Avant Cartier, nombreuses furent les navigations sur la Mer des Ténèbres qui tournèrent au tragique, notamment celles de Magellan, de Verrazzano, de Villegagnon, de Jean de Léry. Ce dernier rapporta que son équipage eut à souffrir des tempêtes, de la piraterie, de la chaleur, du froid et de la faim, au point de devoir pendant le retour se nourrir de vers et de crottes de rats. Lors de la deuxième expédition, en mai 1535, un mois de « tormente » incessante sépara les trois navires de Cartier (la *Grande Hermine,* la *Petite Hermine, l'Emérillon*) jusqu'à Terre-Neuve (120). Mêmes désagréments lors du troisième voyage, alors que les cinq navires de Cartier furent

> trois mois pleins avant de pouvoir arriver au port et havre du Canada, sans avoir eu pendant tout ce temps trente heures de bon vent qui put nous servir à suivre notre droit chemin ; de sorte que nos cinq navires à cause de ces tempêtes s'entreperdirent les uns les autres, sauf deux qui demeurèrent ensemble (189).

Juin 1535. Pendant six jours, « tormente et vent contraire et serraison », « bruimes et mauvais temps » empêchèrent les marins de s'approcher du cap Saint-

[12] « Un pays à inventer », *Études françaises,* août 1970, vol. VI, no 3, p. 334.
[13] *Toutes Isles,* p. 44.
[14] *Premier Voyage autour du monde par Magellan (1519-1522),* p. 88.

Jean (cap de l'Anguille) situé à l'extrémité sud-ouest de Terre-Neuve (90-91).

Juillet 1541. Une « mer fort malle » attendait les marins au Cap d'Espoir et les obligea à se réfugier pendant neuf jours dans la rivière Darmouth. Le brouillard bouchait la vue, le vent emporta une ancre : « Et pour le mauvays temps, sarraize [brouillard], et non veue qu'il fist, fusme en icelluy hable et ryvière, jusques au XXVè jour dudit moys, sans en pouvoyr sortyr (104) ».

Il n'y avait pas que les tempêtes ou les forts courants qui empêchaient Cartier de poursuivre sa route. Un champ de glace, comme celui qui l'accueillit en mai 1534, au Cap de Bonne Viste, représentait aussi un obstacle de taille ; il obligea le capitaine français à s'arrêter pendant pas moins de dix jours : « Et pour le grant nombre de glasses qui estoint le long d'icelle terre [Bonavista], nous convint entrer en ung havre, nommé saincte Katherine, estant au su surouaist d'iceluy cap environ cinq lieues, où fumes l'espace dix jours, attendant nostre temps, et acoustrant noz barques (80) ». Du 27 mai au 9 juin 1534, à proximité du détroit de Belle-Isle, le mauvais temps et les glaces obligèrent encore une fois Cartier à trouver refuge dans le havre de Kirpon, « où nous fumes, sans en povair [pouvoir] sortir, jusques au neuffiesme jour de juign, que en partismes, pour passer, o [avec] l'aide de Dieu, oultre (82) ».

Le « grant nombre de glaces » qui, au printemps, bloquait l'entrée de la baye des Chasteaulx donnait en quelque sorte un avant-goût de l'hiver 1535-1536 où les Français furent aux prises avec « la plus grande froidure que ayons veu, laquelle estoit merveilleuse et

aspre . . . (159) » Cartier et ses compagnons connurent alors, pour citer le poète, « les longs mois à attendre la fin de l'âpre hiver[15] ». Ils furent immobilisés
de la mi-novembre à la mi-avril à l'embouchure de la rivière Saint-Charles (havre Sainte-Croix) :

> avons esté continuellement enferméz dedans les
> glaces, lesquelles avoyent plus de deux brasses
> d'espesseur, et dessus la terre, y avoit la haulteur
> de quatre piedz de naiges [neiges] et plus, telle-
> ment qu'elle estoyt plus haulte que les bors de
> noz navires ; lesquelles ont duré jusques audict
> temps, en sorte que noz breuvaiges estoient tous
> gellez dedans les fustailles (170).

En plus d'être « englassez dedans les glaces et
naiges (170) » — éloquent pléonasme qui fait penser au
célèbre vers de Nelligan —, les Français attrapent le
terrible scorbut. Or, au même moment, la même
maladie fait périr une partie de la population de Stadaconé, ce qui engendre un tragique malentendu.
Croyant que les Amérindiens ont transmis la maladie,
Cartier leur défend formellement de s'approcher du
fort. « Mays non obstant les avoyr chasséz, [commence]
la maladie, entour de nous, d'une merveilleuse sorte et
la plus incongnue . . . » Situation qui illustre on ne peut
mieux l'ambiguïté des rapports entre les deux groupes.

La description des symptômes scorbutiques
étonne le lecteur d'aujourd'hui par son impassible
minutie : « Et à tous venoyt la bouche si infecte et
pourrye par les gensivez que toute la chair en tumboyt,
jusques à la racine des dents, lesquelles tumboyent
presque toutes (168) ». Prières, oraisons, messe, pro-
cession, psaumes de David, promesse d'aller à Roca-

---

[15] Saint-Denys-Garneau, « Maison fermée », *Regards et jeux dans l'espace*,
p. 33.

madour en pèlerinage, autant de vains recours contre la terrible maladie.

> Et pour l'heure, en y avoyt ja [déjà] plusieurs de mors, lesquelz il nous convynt meptre, par féblesse, soubz les naiges ; car il nous estoit possible de pouvoyr, pour lors, ouvryr la terre, qui estoit gellée, tant estion foibles et avyons peu de puissance. Et si estions en une craincte merveilleuse des gens du pays, qu'ilz ne s'aperceussent de nostre pitié et foiblesse (169).

À la lutte contre l'océan, l'hiver et le scorbut, il faut ajouter l'amère déconvenue suscitée par les faux diamants. En effet, sur les hauteurs occidentales de Charlesbourg-Royal, Cartier, trompé par l'apparence du mica, de la pyrite de fer et du quartz, crut avoir trouvé des métaux de valeur :

> trouvâmes [au cap Rouge] bonne quantité de pierres que nous estimions être diamans. De l'autre côté de la dite montagne et au pied d'icelle, qui est vers la grande rivière [le fleuve], se trouve une belle mine du meilleur fer qui soit au monde [...] et le sable sur lequel nous marchions est terre de mine parfaite, prête à mettre au fourneau. Et sur le bord de l'eau nous trouvâmes certaines feuilles d'un or fin aussi épaisses que l'ongle (192-193)[16].

Les Français de la Renaissance furent eux aussi gagnés par la fièvre de l'or, lequel était pour l'historien Benzoni rien moins que « le Dieu des chrétiens[17] ». La

---

[16] André Thévet mentionne que « de là est tiré le proverbe aujourd'huy connu par tout. C'est un diamant de Canada. » *Les Singularitez de la France antarctique*, p. 430.
[17] J. Benzoni, *Histoire nouvelle du Nouveau Monde*, traduit par U. Chauveton, s. l., 1579, « Au lecteur ». Cité par Geoffroy Atkinson, *les Nouveaux Horizons de la Renaissance française*, p. 134.

recherche des métaux précieux et la fascination du
merveilleux n'allaient-elles pas de pair ? La perspective
de découvrir de l'or en abondance dans le Cathay et le
Cypango ne pouvait qu'augmenter le sentiment du
prodigieux dans l'esprit des explorateurs. Mais l'Amérindien n'attachait pas à l'or, il s'en faut, le même prix
que l'Européen. Verrazzano avait déjà noté l'attitude
détachée des indigènes de la baie de Narragansett :

> Hommes et femmes portent des pendants d'o-
> reilles à la manière des Orientaux, notamment
> des lamelles de cuivre ciselé, métal que ce
> peuple met à plus haut prix que l'or. Ce dernier
> métal, en effet, n'est pas apprécié ; il est même
> tenu pour le plus méprisable à cause de sa
> couleur, le bleu et le rouge étant surtout goûtés
> (65).

Dans son journal de bord, Pigafetta affirme que les
habitants de Bornéo « boivent l'argent vif, le malade
boit par médecine pour se purger, et le sain pour garder
sa santé[18] ». Pour sa part, Jean de Léry note que les
Brésiliens « n'ont entre eux nul usage de la monnaie[19] ».
Les Européens, on s'en doute, ne montrent pas la
même indifférence à l'égard du métal précieux. Témoin
cette éloquente préface de l'Espagnol Oviedo sur l'or

> auquel chascun tend, chacun vise, pour lequel
> nuyt et jour ce misérable monde vit en condi-
> tionnelle peine et tourment de corps et d'âme.
> C'est or lequel accompagné de l'argent, n'a
> moindre autorité ne puissance sur terre que le
> soleil et la lune ont au ciel[20].

---

[18] *Premier Voyage autour du monde*, p. 165.
[19] *Journal de bord en la terre de Brésil*, p. 92.
[20] Gonzalo Ferdinando de Oviedo, *Histoire de la Terre Neuve*, 1536,
préface. Cité par Chinard, *op. cit.*, p. 24. La fonction officielle de Gonzalo
Ferdinando de Oviedo « consistait à surveiller la fonte en lingots et la ré-

Ainsi, entre la mer et l'eau douce, les désillusions s'accumulèrent. C'est uniquement la route de l'or qui intéressait Cartier, mais il découvrit un territoire souvent « désobligeant », des îles effrayantes, des « marées décevantes », des hivers très rudes, une affection mystérieuse et foudroyante, des gens « effarables et sauvaiges ».

---

partition des trésors enlevés aux rois du Mexique [...]. Il ne s'agit plus seulement de colliers et de statues, mais de maisons dont le chaume et les poutres sont d'or, de randonnées merveilleuses au cours desquelles Pizarre fait ferrer les chevaux et les mules d'or et d'argent fin, n'ayant plus d'autre métal à sa disposition. » *Ibid.*

## 10. « Il y a des gens à ladite terre . . . »

> «This was indeed the golden age of race relations in North America.» S.E. Morison, *The European Discovery of America*, p. 406.

Le 12 juin 1534, à Blanc Sablon, le narrateur signale pour la première fois la présence de « gens effarables et sauvaiges » qui « viennent des terres plus chauldes » pour pêcher le loup marin (87). En apparence nulle surprise de part et d'autre. Cette nouvelle réalité est décrite sensiblement de la même façon que les îles, les oiseaux, les arbres. Même style technique, indifférent que le reste du passage. Et pourtant, n'en doutons pas, l'impersonnel « il y a » dissimule un choc émotif[1]. La rencontre d'une civilisation radicalement différente détermine un bouleversement obscur, une lente mais profonde fermentation des esprits européens, jusque-là plus attentifs aux civilisations anciennes qu'aux modes de vie lointains.

Si les Iroquois occupent une place de plus en plus

[1] La Commission de Cartier pour le troisième voyage et celle de Roberval, toutes deux de 1540, décrivent les « gens sauvaiges » comme « vivans sans congnoissance de Dieu et sans vsaige de raison ». Voir Biggar, *Documents relating to Jacques Cartier and Roberval*, p. 128, 178.

importante dans la suite du voyage, s'ils se dissocient
peu à peu du paysage pour imposer, malgré les dis-
torsions françaises, leurs propres valeurs, c'est parce
qu'ils représentent une assistance absolument indis-
pensable : les marins ne peuvent se passer de guides et
d'interprètes. Sans l'aide des autochtones, pas de route
d'eau ni d'*annedda* pour lutter contre le scorbut.

Dès le 13 juin, au cap de Sauvaige, la situation est
déjà moins claire, semble-t-il. Un indigène, depuis la
côte, fait des signes amicaux aux marins, mais lorsque
ceux-ci s'apprêtent à nager vers lui, il s'enfuit. À
l'entrée de la baie de Chaleur, ce sont les Français qui
montrent à leur tour de la méfiance alors que « quarante ou cinquante barcques » de Micmacs traversent
la baie. Les Amérindiens invitent les Français à venir
examiner leurs peaux : « Et pour ce que [n'avons] que
une seulle barcque, n'y [voulons] allez . . . (99) » Cependant, les Amérindiens s'obstinent et nagent avec
entrain jusqu'à l'embarcation des Français. Ceux-ci, in-
quiets, tirent deux coups de canon. Mais les « deux
passevollans » ne découragent pas les Micmacs qui re-
viennent à la charge. Il faut pas moins de deux « lanses
à feu, qui [passent] parmy eulx », pour les chasser pour
de bon. Nous sommes déjà en présence de deux soli-
tudes.

Les rapports des Français avec les Amérindiens,
une réalité nouvelle pas tout à fait comme les autres,
furent la plupart du temps difficiles et superficiels. Les
sentiments y tinrent une grande place puisque, des
deux côtés, l'on passa de la tolérance au mépris. Aux
alliances précaires succédèrent les opérations de gué-
rilla de la part des indigènes. Nous assistons donc, tout
au long des trois relations, à une lente aggravation des
rapports. Les causes en sont multiples. D'abord, la dé-

fiance réciproque : les Français, victimes de leur cupidité, craignaient continuellement les « trahisons » tandis que les Amérindiens redoutaient toujours davantage les sévices et les enlèvements. N'oublions pas non plus, sous peine d'altérer la réalité, les convoitises des indigènes qui voulaient que les Français, qui disposaient de bateaux et d'armes, servissent leurs intérêts commerciaux, politiques et militaires.

Le voyage d'Hochelaga, qui eut lieu en dépit des mises en garde des habitants rivaux de Stadaconé[2], semble bien avoir été l'événement qui a gâté de façon irrémédiable les rapports entre les Français et les Amérindiens. Les Stadaconéens voulaient à tout prix conserver le monopole du commerce avec les étrangers. C'est pourquoi les chefs amplifièrent les inconvénients de la remontée du fleuve. Ils utiliseraient ce stratagème chaque fois qu'ils traiteraient avec des commerçants européens.

Malheureusement, les échanges commerciaux avec les Blancs allaient activer les rivalités en divisant les tribus en groupes fortement compétitifs. L'indigène qui avait connu les outils de fer affilés de l'étranger ne pouvait plus s'en passer, et les techniques anciennes disparurent. Les « petitz présens de peu de valleur », haches, couteaux, épées, lances, contribuèrent à la transformation radicale de la vie amérindienne en

---

[2] « Venus du sud-ouest trois siècles plus tôt, les Iroquois laurentiens ne doivent pas être considérés comme membres d'une même entité culturelle et politique: on croit retrouver chez eux deux groupes bien distincts : l'un, établi à Hochelaga, qui serait d'origine onontaguée; l'autre, celui de Stadaconé, serait une famille des Mohawks qui à la longue a subi l'influence des Montagnais. Onontagués et Mohawks avaient cependant en commun assez d'éléments ethniques pour donner l'apparence d'une même et unique nation. » Marcel Trudel, *Histoire de la Nouvelle-France*, I, p. 94. Mon paragraphe s'inspire de l'étude de George T. Hunt, *The Wars of the Iroquois. A Study in Intertribal Trade Relations*, p. 17-19.

créant des besoins nouveaux et une féroce concurrence.

La construction d'un fort en bordure de la rivière Sainte-Croix pour « se défendre contre tout le pays » est le signe le plus évident de la détérioration des rapports entre les hommes de Cartier et ceux de Donnacona. Celle-ci aboutit aux bruits alarmants qui terminent brusquement la troisième relation : les Iroquois d'Hochelaga semblaient alors s'être ralliés à ceux d'Hochelay et de Stadaconé pour attaquer les Français, installés à Charlesbourg Royal, à l'embouchure de la rivière du cap Rouge. Plus tôt, à Hochelay, Cartier avait constaté que le chef était absent depuis deux jours, probablement rendu à Stadaconé « pour délibérer avec Agona [le successeur de Donnacona] ce qu'ils pouvoient entreprendre contre nous ». Cartier constata par la suite que les Amérindiens ne fréquentaient plus ses compatriotes « et qu'ils nous redoutoient et craignoient à merveilles (197) ». Selon les éclaireurs français, il y avait « un nombre considérable de gens du païs » rassemblés à Stadaconé[3]. Tous les Amérindiens de la vallée du Saint-Laurent avaient-ils décidé d'unir leurs forces pour bouter les visiteurs hors du territoire ? Prudent, Cartier ordonna de tout mettre « en bon ordre dans [la] forteresse . . . (197) » Plus tard, le 18 juin, au havre de Saint-Jean, il confia à Roberval « qu'il n'avoit pu avec sa petite bande, résister aux Sauvages qui rodoient journellement et l'incommodoient fort et que c'était là la cause qui le portoit à revenir en France

---

[3] Morison explique ainsi la présence inusitée de nombreux visiteurs : « Donnacona was bringing in what modern politicians would call « mattress voters » to support him in the forthcoming election ! A strong faction of the local Hurons wished to depose him in favor of a brave named Agona ; but the temporary voters, from a village called Sitadin on the Beauport shore, were for him. » *The European Discovery of America*, p. 420.

(202) ». L'explication consignée par Roberval est on ne
peut plus nette.

## 10.1. Bonnets rouges

Que le sentiment de supériorité des Français se manifeste à l'occasion du négoce est révélateur : aux yeux des visiteurs l'inégalité est aussi économique. En mai 1534, à l'entrée de la baie de Chaleur, les Souriquois signifient qu'ils veulent « trafiquer avecques » les étrangers (100). Ceux-ci offrent des « couteaulx et aultres ferremens », et, comble de générosité, « ung chappeau rouge pour donnéz alleur cappitaine (101) ». On troque joyeusement. Les « Barbares de ce païs » (Thévet) abandonnent tout au point de repartir nus et promettent de revenir le lendemain. Le chapeau rouge dont on affuble le « capitaine » indigène illustre bien les prétentions et le sans-gêne européens.

Par contre, les Amérindiens sont toujours bien aise d'échanger leurs peaux de bête contre des chapeaux, chemises, manteaux, livrées, où on aura noté que le rouge prédomine[4]. Les indigènes semblent avoir été captivés par la garde-robe des Français.

Dès les premières années du XVIIe siècle, [écrit Marcel Trudel] on les voit porter des chapeaux, des capots, des chemises, des souliers, des couvertures de laine, articles qu'ils acquièrent par la traite. Le chapeau est le plus important de ces articles : celui qui le porte a la conviction qu'il a

---

[4] Dans sa relation, Pigafetta mentionne à plusieurs reprises que les Espagnols navigant sous la conduite de Magellan offrirent souvent, outre les habituels miroirs, peignes et sonnettes, des « bonnets rouges bien fins » aux indigènes des îles orientales pour gagner leur confiance. Voir *Premier Voyage autour du monde*, p. 120, 124, 125, 137, 160.

vraiment accédé à une civilisation supérieure ;
le chapeau accompagne nécessairement les
révérences qu'ils apprennnent des Français et
plusieurs croient, par là, réaliser leur rêve :
passer pour Français[5].

Le 24 juillet 1534, on érigea une croix à Gaspé. Le
« cappitaine » Donnacona, « vestu d'une vieille peau
d'ours noire, dedans une barque, avecque trois de ses
filz et son frère » fit « une grande harangue » et des
signes, « comme s'il eust voullu dire, que toute la terre
estoit à luy ». Les Français feignirent de ne pas comprendre. Plutôt que de répliquer, ils offrirent une hache
à Donnacona en échange de sa peau d'ours. Les Blancs
n'attachaient pas encore beaucoup d'importance aux
fourrures mais les Amérindiens appréciaient grande-
ment les outils en fer. Lorsque le chef iroquois et ses
compagnons s'approchèrent du navire, on en profita
pour les capturer. Mais on leur assura tout de suite
« qu'ilz [n'auraient] nul mal, en leur monstrant grant
signe d'amour ». C'est alors que Cartier affirma que la
croix avait été plantée simplement « pour faire merche
et ballise ». Ne peut-on mentir à des voleurs ? Une assez
sinistre mascarade s'ensuivit ; les indigènes furent déguisés en Européens : « Et acoustrames sesdits deux fils
de deux chemises, et en livrées, et de bonnetz rouges, et
à chaincun, sa chainette de laiton au col. Dequoy se
contentèrent fort, et baillerent leurs vieulx haillyons à
ceulx qui retournoient (107). »

Le 7 septembre 1541, Cartier quitte le fort de
Charlesbourg Royal, s'arrête à Hochelay pour rendre
une visite de politesse au nouveau chef qui, auparavant,
l'a informé des traîtrises de Taignoagny et de Domagaya. Il lui confie deux jeunes Français pour qu'ils ap-

---

[5] *Canada, unité et diversité*, p. 18.

prennent la langue iroquoise et lui offre « un manteau de drap écarlate de Paris (194) ». Donnacona assure plus tard qu'au royaume de Saguenay il y a non seulement « infiny or, rubiz et aultres richesses » mais également des « hommes blancs, comme en France, et acoustréz de draps de laine (175) ». Comment les Amérindiens n'auraient-ils pas été fascinés par les visiteurs ? Ils voyaient paraître devant eux des gens apparentés à ces êtres légendaires qui, en plus d'offrir des armes et des outils résistants, habitaient un lointain et fabuleux royaume.

Puisqu'il est question de vêtements, soulignons que l'immodestie des autochtones qui, pour reprendre une expression de Pigafetta, montraient « manifestement leur vergogne⁶ », ne pouvait qu'effaroucher les visiteurs décents et raffinés, car « la pudeur au sens où nous l'entendons actuellement, comme le rappelle le sociologue René König, est un produit de la civilisation⁷ ». Nulle part Cartier ne mentionne sa répugnance à l'égard des « nus corps » mais il suffit de lire Pigafetta, Thévet ou de Léry qui s'étonne que les sauvages d'Amérique déambulent « aussi entièrement nus que lorsqu'ils sortirent du ventre de leur mère⁸ » pour deviner ce que les voyageurs de l'époque pensent sur ce chapitre. Un demi-siècle plus tard, Montaigne, s'interrogeant sur « l'usage de se vestir », présente des considérations que bien peu d'explorateurs auraient endossées :

Je devisoy, en cette saison frileuse, si la façon d'aller tout nud de ces nations dernierement trouvées est une façon forcée par la chaude temperature de l'air, comme nous disons des Indiens

⁶ Premier Voyage autour du monde, p. 96.
⁷ Sociologie de la mode, p. 106.
⁸ Journal de bord en la terre de Brésil, p. 91, 206.

et des Mores, ou si c'est l'originele des
hommes[9].

Il faut cependant attendre les *Dialogues curieux* du
baron de Lahontan (1703) pour trouver un éloge, d'ailleurs piquant, de la nudité. Son auteur est un « sauvage
distingué » du nom d'Adario. Que déjà il songe à relier
la pudeur à la propriété et au statut social a de quoi
étonner le lecteur d'aujourd'hui :

> Je conviens que les Peuples chez qui le *tien* & le
> *mien* sont introduits, ont grande raison de cacher
> non seulement leurs Parties viriles, mais encore
> tous les autres membres du corps. Car à quoy
> serviroit l'or & l'argent des François, s'ils ne les
> employoient à se parer avec de riches habits ?
> puisque ce n'est que par le vêtement qu'on fait
> état des gens. N'est-ce pas un grand avantage
> pour un François de pouvoir cacher quelque
> défaut de nature sous de beaux habits ? Croy-
> moy, la nudité ne doit choquer uniquement que
> les gens qui ont la propriété des biens[10].

---

[9] *Essais*, I, p. 284.
[10] *Dialogues curieux entre l'auteur et un sauvage de bon sens qui a voyagé*, p. 224-225.

## 10.2. «de peu de valleur»

Sûr de soi, l'étranger n'essaie pas de comprendre mais d'exploiter et de convertir. De retour d'une exploration décevante de la baie de Gaspé, en juillet 1534, plus de trois cents Amérindiens « [marchandèrent] main à main» avec les Français «de tout ce qu'ilz abvoint, qui est chose de peu de valleur. Nous congneumes que se sont gens qui seroint fassilles à convertir ... (102)» Remarquons avec quelle aisance on passe de l'économique au religieux.

À l'intérieur de la même baie, les navigateurs se mettent à l'abri à cause du mauvais temps qui sévit pendant neuf jours. Plus de deux cents Iroquois, arrivant de Stadaconé pour pêcher le maquereau, viennent alors à la rencontre des Français qui leur donnent des couteaux, des chapelets de verre, des peignes « et aultres besongnes de peu de valleur (104)». Des habitants de régions éloignées qui se promènent dans le plus simple appareil et possèdent seulement des objets insignifiants ne peuvent qu'être inférieurs : ce sont des gens « de peu de valeur». Être *sauvage*[11], c'est d'abord être pauvre. Le jugement global que Cartier porta sur la collectivité aborigène avait un fondement économi-

---

[11] Étymologiquement « habitant des forêts ». « Cartier et Champlain, lorsqu'ils vinrent au Canada, trouvèrent des milliers d'individus qui vivaient comme des gens non civilisés. D'un terme général, Cartier fit un terme particulier, c'est-à-dire qu'il désignait sous le nom de *Sauvages* tous les aborigènes qu'il rencontra sur le sol canadien. On peut donc affirmer sans se tromper que Cartier est l'auteur du mot *Sauvage* tel que nous l'employons ici.» Yvon Pilote, *Origine et évolution du mot sauvage,* thèse de licence dactylographiée, p. 10.

que, il faut y insister : « Celle gent se peult nommer sau-
vaiger, car c'est la plus pouvre gence qu'il puisse estre
au monde ; car tous ensemble n'avoyent la valleur de
cinq solz, leurs barques et leurs raitz [filets] à pescher
hors [exceptés] (104). » L'erreur de Cartier fut évidemment d'interpréter l'activité économique des Amérindiens en fonction du mode de vie de sa propre com-
munauté. De la pauvreté matérielle des indigènes, le
navigateur en conclut à leur pauvreté spirituelle.

Prisonnier des systèmes de représentation de son
temps, Cartier était dans l'impossibilité d'admettre la
vision du monde propre à l'Indien d'Amérique. Il était
plus enclin à méconnaître la réalité indigène qu'à la reconnaître. Ainsi, le Français nota avec dépit que les autochtones étaient « larrons à merveille (106) », oubliant
qu'ils ne connaissaient sans doute pas le droit de propriété. Encore une équivoque.

Cartier était évidemment soumis aux structures
mentales de l'Ancien Monde mais aussi aux intérêts des
groupes sociaux dominants : la noblesse et la bour-
geoisie. Les progrès techniques en matière de construction navale, de cartographie et d'instruments de
mesure ont été à l'origine des voyages d'exploration,
mais également les ambitions des princes, des armateurs et des financiers. Dans la modification des structures socio-économiques de la Renaissance, les foires
commerciales de Lyon et de Rouen furent aussi impor-
tantes que les rencontres de cour.

Cartier est moins un explorateur intrépide qu'un
navigateur au service du capitalisme naissant. Les
voyages au Nouveau monde ont d'abord un but commercial ; le goût de l'aventure et des paysages vient par
surcroît. La mission évangélisatrice se greffe sur le

projet de négoce parce que les Européens ont besoin,
en plus de l'accord de Paul III, de guides pour ouvrir
les routes commerciales. Toute la conduite de Cartier
est assujettie à la mission officielle, ses déceptions sont
essentiellement liées au fait qu'il ne trouve pas ces « es-
piceries » dont l'art culinaire et la pharmacologie ne
peuvent plus se passer, et cet or dont l'Europe a besoin
pour traiter avec l'Afrique orientale. Cartier considère
l'Américain comme un inférieur parce que celui-ci est
pauvre et préfère ses *wampums* à l'or. C'est encore pour
des motifs économiques que les Français se sont im-
miscés dans les affaires intérieures des Iroquois, offrant
par exemple à Donnacona de le débarrasser d'un rival
gênant, Agona. Scénario qui montre déjà le rôle des
Européens dans l'accroissement des conflits inter-
tribaux. Économie, religion, guerre, la boucle impéria-
liste est bouclée, le triangle assimilateur est en place.

Voilà donc des « sauvaiges » bien étranges aux
yeux des Français : hospitaliers et candides, impudi-
ques et voleurs, fascinés par les chapeaux et les manteaux de Paris. Ils n'ont aucun sens de la valeur d'é-
change des biens, acceptent avec reconnaissance des
bagatelles, font don de leurs propres enfants, chantent
et dansent à tout propos, ne connaissent pas les armes à
feu. Ils ignorent tout ce qui assure la légitimité de la civilisation européenne. Comment les Français auraient-
ils pu résister à la condescendance ?

## 10.3. Mauvais tours

Lors du deuxième voyage, les contacts furent plus
suivis entre Français et Amérindiens. Mais Cartier était
toujours plus intéressé à explorer la grande rivière et à
atteindre le royaume de Saguenay qu'à comprendre
l'Autre. Il avait pourtant besoin de guides : ce sont « les
deux sauvaiges que avyons prins le premier voiage
(124) », les deux fils de Donnacona, qui fournirent de
précieuses indications sur l'insularité d'Anticosti. Le
capitaine français avait aussi besoin d'intermédiaires :
au nord de l'île d'Orléans, « treuvasmes plusieurs gens
du pays, lesquelz commancèrent à fuyr (130) » ; ils ne
consentirent à s'approcher que lorsque Domagaya leur
eut parlé. Les Amérindiens seraient encore porteurs et
guérisseurs.

Les fils de Donnacona jouent un rôle de premier
plan dans l'évolution des rapports entre les visiteurs et
les autochtones. Quel dommage que l'un ou l'autre ne
nous ait pas laissé ses mémoires ! Nous aurions davantage d'éléments pour savoir ce qui s'est vraiment passé
entre les deux groupes et le rôle décisif, semble-t-il,
qu'ont joué les frères iroquois.

Le début de la deuxième relation constitue une
sorte de prélude au voyage d'Hochelaga. De nombreuses négociations ont lieu entre les indigènes et les
Français, entre les indigènes eux-mêmes, toujours fascinés par les visiteurs, leurs costumes, leurs cadeaux,
leurs armes. Domagaya et surtout Taignoagny font ex-

ception ; leur influence ira grandissant.

En septembre 1535, l'accord semble parfait entre les Français et les habitants de Stadaconé. Le 8 septembre, Donnacona, accompagné de plusieurs Amérindiens, s'amène joyeusement pour s'entretenir avec ses fils de retour de France. Ceux-ci « [commencent] à compter ce qu'ilz [ont] veu en France et le bon traictement qu'il leur [a] esté faict (132) ». Mais Taignoagny contredira ces faits le printemps suivant, signifiant à Cartier qu'il souhaite « ne retourner jamais en France (176) ».

Les soudains revirements de Taignoagny et Domagaya coïncident curieusement, comme je l'ai déjà indiqué, avec un saut de quatre jours dans la relation, du 9 au 13 septembre. À Sainte-Croix, le 14 septembre, Donnacona et les siens rendirent visite aux Français en « faisant plusieurs signes de joye, fors [excepté] les deulx hommes que avions apportéz, savoir, Taignoagny et dom Agaia, lesquelz estoient tous changéz de propotz et de couraige et ne voullurent entrer dedans nosdictz navires, non obstant qu'ilz en fussent plusieurs foys priéz... (134) » C'est alors que Cartier demanda aux Amérindiens de le guider jusqu'à Hochelaga (« la digue des castors ») ; ceux-ci acceptèrent, puis soudain changèrent d'avis. Or, le 15 septembre, Donnacona s'inquiétait des « bastons de guerre » que portaient les Français, contrairement à leurs hôtes. Cartier répliqua avec assurance que c'était la « coustume de France (135) ». Que s'est-il passé à Stadaconé entre le 9 et le 13 septembre pour que, brusquement, les Amérindiens changent d'attitude ? Sans doute rien qui soit à l'honneur des Français. Les réserves des indigènes, le narrateur les impute uniquement à Taignoagny et à Domagaya : le fait est qu'elles n'empêchent pas une « asseurance » [alliance] entre Amérindiens et Français.

On sait que Cartier ne perdit pas une occasion de distribuer des « petitz présens de peu de valleur » dont, assura-t-il, les Amérindiens « se contentèrent [toujours] fort (130) ». Mais, un jour, « les deux meschans que nous avyons apportéz (160) » prévinrent leurs gens que les « petites bagatelles (196) » des Français ne valaient rien et qu'ils devraient exiger davantage. C'est donc Taignoagny et Domagaya qui remirent en question les modalités des échanges. Et voilà bientôt les Français aux prises avec une subite hausse des prix[12]. Ainsi, pendant l'épidémie du scorbut, les Amérindiens offraient des viandes et des poissons « qu'ilz nous vendoient assez cher, ou autrement mieux l'aymoient remporter, pource qu'ilz avoyent nécessité de vivres pour lors, à cause de l'yver, qui avoyt esté long . . . (173) »

Le projet d'aller à Hochelaga suscita de nombreuses tractations entre indigènes et étrangers. Le 16 septembre, Taignoagny annonça à Cartier que Donnacona désapprouvait le voyage à Hochelaga « pource que la ripvière ne valoyt rien (136) ». Cartier répliqua que son roi lui commandait « d'aller au plus avant qu'il luy seroit possible ». Mais Taignoagny, malgré les promesses de présents, refusa catégoriquement de servir de guide. Le lendemain, Donnacona offrit à Cartier sa nièce et un de ses fils, « sur l'intencion qu'il ne allast poinct à Hochelaga (137) ». Cartier refusa. Domagaya intervint dans la discussion : les enfants furent offerts à Cartier uniquement « par bonne amour et en signe

---

[12] « Il paraît que les interprètes, initiés en France au commerce, reprochaient à leurs congénères d'accepter de menues choses qui ne valaient rien, en retour des vivres qu'ils fournissaient : les Iroquois se prirent à exiger davantage, ils devenaient bons traiteurs. » Marcel Trudel, *Histoire de la Nouvelle-France*, p. 101.

d'asseurance et qu'il estoit content de aller avecq
ledict cappitaine à Hochelaga ». Domagaya sembla
alors se dissocier de son frère. Une dispute s'ensuivit
entre Taignoagny et Domagaya, « dont apersumes que
ledict Taignoagny ne valloit rien, et qu'il ne songeoit
que trahison et malice, tant pour ce, que aultres
mauvays tours que luy avyons veu faire ». À quels
autres mauvais tours de Taignoagny Cartier fait-il trop
discrètement allusion ? Donnacona reçut deux épées et
deux bassins de cuivre. Cartier fit tirer « une douzaine
de barges » (petits canons) dans la forêt pour lui faire
plaisir mais le feu d'artifice provoqua la panique chez
les Amérindiens. Taignoagny, encore lui, fit alors
savoir que des coups d'artillerie provenant du gallion
(l'Émérillon), « lequel estoit demouré à la radde »,
avaient tué deux des siens, ce qui, selon Cartier, « ne se
treuva vérité (138) ».

Ainsi, après avoir servi de guide et d'intermédiaire, après avoir parlé favorablement de son
séjour en France, Taignoagny refuse de guider les
Français à Hochelaga. Il est possible que ce volte-face
ne soit pas uniquement dû à des motifs commerciaux.
Taignoagny semble plutôt prendre la tête d'un véritable
mouvement de résistance : les épées et les canons
français seraient-ils à l'origine de son revirement ?

Quoi qu'il en soit, on a souvent dit que les Amérindiens voulaient retenir les Français à Stadaconé
pour se réserver le commerce avec eux et, du même
coup, isoler Hochelaga[13]. La zizanie se serait donc mise
chez les Stadaconéens pour des questions d'intérêt : les
autochtones commençaient à n'avoir plus foi en eux-
mêmes et à se diviser pour le profit de l'étranger. Il est

---

[13] Voir Marcel Trudel, *Histoire de la Nouvelle-France*, I, p. 95.

évidemment plus simple de départager catégoriquement les bons et les méchants. Cette vision des choses
est sans doute réconfortante mais un examen minutieux
des textes nous oblige à considérer la réalité autrement.
S'il est vrai que les Blancs ne songèrent qu'à exploiter
les Amérindiens, ceux-ci virent dans leur alliance avec
ceux-là leur intérêt, commercial et militaire. La vérité
est que chaque camp a voulu dans une certaine mesure
profiter de l'autre. Cela n'a rien d'étonnant, et nous
n'en sommes pas encore au génocide. Il viendra assez
tôt.

## 10.4. Théologie

Les discussions entre Français et Amérindiens eurent de plus en plus un caractère théologique. À Stadaconé, les Français firent savoir aux Amérindiens ce qu'ils pensaient de leur dieu, à l'occasion de la « grande finesse » des autochtones qui avait pour but d'empêcher les étrangers d'aller à Hochelaga. Trois indigènes, déguisés en diables-messagers cornus, communiquèrent de « piteuses nouvelles » de la part du dieu Cudouagny : à Hochelaga, « il y auroit tant de glasses et neiges, qu'ilz mourroient tous (139) ». Les Français éclatèrent de rire et déclarèrent que le dieu des Indiens n'était qu'un sot, qu'il ne savait pas ce qu'il disait et que « Jésus les garderoit bien de froit, s'ilz luy voulloient croyre (139) ». Aucune révérence excessive, on le voit, pour le dieu des hérétiques.

En différentes occasions, l'attitude véneratrice des Amérindiens ne put qu'augmenter le sentiment de supériorité des Français. À Hochelaga, le 2 octobre 1535, on présenta à Cartier le « Roi et seigneur du pays », l'*agouhanna*, « tout percludz et malade de ses membres (149) ». Celui-ci demanda à Cartier de toucher ses bras et ses jambes, « comme s'il luy eust demandé garison et santé ». On amena plusieurs malades aux pieds du pilote royal : « il sembloyt que Dieu fust là descendu, pour les guéryr (150) ». Le Français qui se voyait tout à l'heure comme un père[14]

---

[14] Champlain aussi s'accordait volontiers le titre de père, notamment lorsqu'il fut appelé à arbitrer un différend entre Algonquins et Hurons, qui

se voit maintenant comme un dieu. Cartier lit alors le
début de l'*Évangile selon Saint-Jean* et « de mot à mot, la
passion de Nostre Seigneur » devant « tout ce pouvre
peuple », silencieux et impressionné par les « sérimo-
nyes » des Blancs. À la vénération, les Français ré-
pondent par la pitié ou le mépris. Cartier ₁rapporte
d'Hochelaga une plus grande connaissance des moeurs
amérindiennes. Et d'autres préjugés. Il constate par la
suite que le peuple de Stadaconé « n'a aucune créance
de Dieu qui vaille (156) ». Une édifiante discussion
théologique s'ensuit. Les gentilshommes français ont
vite « remonstré leur erreur » aux païens, affirmant que
le seul vrai Dieu était celui des Blancs et « qu'il fault
estre baptizés ou aller en enffer. Et leur fut remonstré
plusieurs aultres choses de nostre foy ; ce que facille-
ment ilz ont creu, et appelé leur Cudouagny, *agojuda*,
tellement, que plusieurs foys ont pryé le cappitaine les
faire baptiser (157) ». Comment ne pas admirer le
pouvoir de conviction de Cartier ! Ainsi, après avoir
entendu celui-ci parler seulement quelques minutes du
dieu des Blancs, du paradis et de l'enfer, les indigènes
de Stadaconé traitèrent leur propre dieu d'*agojuda*,
nom qu'ils réservaient à leurs ennemis, et demandèrent
à être baptisés. Est-ce une invention de Cartier ? Les
Français ont-ils bien compris les Amérindiens ? Ceux-
ci étaient-ils naïfs ou opportunistes ? Considéraient-ils
le baptême comme un simple signe d'alliance ? Toujours est-il que Cartier promit de ramener prochai-
nement des prêtres pour les instruire et du saint chrême
pour les baptiser.

Le lendemain, Taignoagny vient dire à Cartier que
Domagaya est très malade et qu'il demande « ung peu
de sel et de pain ». Cartier lui donne ce qu'il demande

« remettoient le tout à [sa] volonté, comme à leur père . . . » *Les Voyages
de Samuel Champlain*, p. 2.

tout en précisant que «[c'est] Jésus qui [est] marry
[fâché] contre luy, pour les maulvays tours qu'il [a]
cuyder [voulu] jouer (162) ». Cartier est en possession
tranquille de la vérité théologique : le dieu des Américains n'est qu'un sot. Jugement téméraire, car le dieu
païen aura bientôt l'occasion de prendre sa revanche.
L'épisode du scorbut renverse les rôles et montre que
les remèdes des sauvages sont parfois plus efficaces que
les prières.

## 10.5. Moeurs

Les voyageurs du XVIe siècle observent, notent. Après eux, les humanistes réfléchissent. L'Européen finira même par se demander qui est civilisé, qui est barbare. C'est en effet la grande question que Montaigne, ému par le « peuple enfant », pose dans les *Essais*, à la fin du siècle, au moment où la pensée traverse une véritable crise de la certitude. L'Europe a sans doute fait le monde, mais au prix de son unité et de son innocence. On sait que Cartier décrit de façon assez détaillée les moeurs et coutumes des Iroquois. Il note mais il ne compare guère, lui qui, en d'autres occasions, a la comparaison si facile : elle est ici implicite et trop évidente. Ce sont toutes les valeurs de la société traditionnelle qui sont remises en cause par ses notations : religion, famille, éducation, justice, propriété, pudeur ... Un des premiers voyageurs à faire connaître les éléments de la civilisation amérindienne, Cartier utilise l'expression « comme ils ont coutume » sans en deviner toute la portée, sans se rendre compte que la « coupure ici / là-bas se transforme en un clivage nature-culture ».[15]

Ainsi, il nota que les Amérindiens pratiquaient la polygamie et que la « maison de bordeau [bordel] » ac-

[15] Michel de Certeau, *l'Ecriture de l'histoire*, p. 230. Par ailleurs, l'imprévisible André Thévet retrouve finement la « loy de nature » dans les moeurs des « Barbares de ce païs » ; « Ce peuple [iroquois] en sa manière de viure et de gouuernement, approche assez de la loy de nature. « *Les Singularitez de la France antarctique*, p. 405. « Ils n'õt aucunes loix, ne plus ne moins que noz Ameriques et autre peuple de ceste terre cõtinente, sinon celle de la nature. » *Ibid.*, p. 443.

cueillait les filles avant le mariage. « Et tout ce [cela]
avons veu par expérience : car nous avons veu les
maisons aussi plaines desdictes filles comme est une
escolle de garçons en France (158) ». Le doublement de
« veu » souligne bien l'étonnement scandalisé du narrateur.

Dès la fin du premier voyage, les rapports entre les
indigènes et les étrangers étaient fortement déterminés.
Au cours de leurs explorations, les Français n'ont pas
douté un seul instant de leur suprématie dont le fondement était surtout économique et religieux. L'inégalité
augmenta d'autant que souvent l'on ne pouvait se
faire comprendre autrement que par signes. Les deux
groupes furent impuissants à communiquer réellement,
muets l'un en face de l'autre. Sans doute tous les impé-
rialismes, même les plus récents, prennent naissance
sur ces bases équivoques.

## 11. Lectures d'une lecture*

L'indifférence du lecteur français de la Renaissance à l'égard des grandes découvertes géographiques fut soulignée à maintes reprises : ainsi, Lucien Febvre et Henri-Jean Martin notent que de 1539 à 1558 on réimprime pas moins de sept fois en français la géographie de Boemius « dans laquelle il n'est pas question de l'Amérique, et où sont notés seulement quelques faits nouveaux concernant l'Afrique et l'Asie[1] ». Dans la première moitié du XVIe siècle, les amateurs de récits de voyage s'intéressaient davantage à l'Orient qu'aux îles ingrates du Nouveau Monde. Les lecteurs de 1545, préférant les expéditions à Jérusalem ou au Japon, boudèrent le *Brief Récit* de Cartier qui ne fut imprimé qu'une seule fois — de même, incidemment, que la version française des *Voyages* de Marco Polo (1556). En revanche, les lettres écrites du Japon par le Père Froes bénéficièrent de dix-neuf éditions à partir de 1577. Succès somme toute modeste si l'on songe que

* Sous le titre « La fortune d'un couple mythique : Jacques Cartier et l'Amérindien », ce chapitre a paru dans la revue *Études littéraires* (avril 1975) publiée par les Presses de l'Université Laval, qui m'ont permis de le reproduire ici.
[1] *L'Apparition du livre*, p. 421. Voir aussi Geoffroy Atkinson, *les Nouveaux Horizons de la Renaissance française*, p. 21 ss.

les *Adages* d'Érasme connurent pendant le XVIe siècle quelque deux cents éditions...

Jacques Cartier a été assurément plus lu au Canada français qu'en France, par les écrivains autant que par les historiens — tant il est vrai qu'au dix-neuvième siècle littérature et histoire faisaient chez nous bon ménage. Le navigateur de Saint-Malo proposait une certaine image des autochtones et de leurs rapports avec les voyageurs dont s'inspirèrent des écrivains aussi différents que Fréchette, Barbeau, Groulx, Savard, Perrault. On peut considérer les observations qui suivent sur quelques lectures de Cartier depuis le milieu du XIXe siècle comme une modeste contribution à l'histoire de la sensibilité québécoise. Elles ne prétendent nullement faire le tour de la question ; il s'agit tout au plus de repères.

*

Au début de sa fameuse *Histoire du Canada* (1845), François-Xavier Garneau se réjouit que l'histoire soit devenue « depuis un demi-siècle une science analytique et rigoureuse ». Il se fait fort de rejeter « tout ce qui ne porte pas en soi le sceau de la vérité » et voit dans cette nouvelle « manière d'apprécier les événements [...] le fruit incontestable des progrès de l'esprit humain et de la liberté politique[2] ». Se méfiant de toute « fantasmagorie », Garneau affirme que « l'histoire de la découverte et de l'établissement du Canada ne le cède en intérêt à celle d'aucune autre partie du continent ». Et Garneau d'évoquer la « hardiesse de Cartier, qui vient planter sa tente au pied de la montagne d'Hochelaga, au milieu de tribus inconnues, à près de trois cents lieues de l'Océan[3] ».

[2] François-Xavier Garneau, *Histoire du Canada*, t. 1, p. 43-44.
[3] *Ibid.*, p. 48.

Malheureusement, le « double flambeau de la critique et de la vérité » ne brillait pas assez fort pour empêcher Garneau de ne voir dans les Amérindiens que « des indigènes belliqueux et barbares[4] ». Qu'il était loin le temps où Garneau chantait, non sans talent, la « folle imprécation jetée aux vents des plaines » de Zodoïska, le dernier Huron :

> Ah ! fleuve Saint-Laurent, que ton onde était pure
> Sous la nef des Hurons ![5]

Était-ce donc uniquement un exercice *littéraire* ? L'admiration que l'historien Garneau éprouve pour la vaillance des découvreurs est inversement proportionnelle au mépris qu'il ressent à l'égard des naturels dont il souligne la fourberie et la férocité :

> Cartier s'est distingué dans toutes ses expéditions par un rare courage. Aucun navigateur de son temps, si rapproché de celui de Colomb, n'avait encore osé pénétrer dans le cœur même du nouveau monde, et y braver la perfidie et la cruauté d'une foule de nations barbares[6].

Un demi-siècle plus tard, au début de *la Légende d'un peuple*, Louis Fréchette salue avec dévotion les héros de notre histoire, « écrin de perles ignorées[7] ». On retrouve sous sa plume la même idéologie manichéenne que chez Garneau, la même tendance excessive à voir dans Cartier le héros et l'apôtre, la même délectation à *imaginer* ce que personne n'a décrit. Ainsi, Fréchette trace un portrait sinistre de l'Amé-

---

[4] *Ibid.*, p. 44.
[5] Voir John Huston, *le Répertoire national*, vol. II, p. 174.
[6] *Histoire du Canada*, p. 28.
[7] Louis-Honoré Fréchette, *la Légende d'un peuple*, p. 13.

rindien qui reprend en les accentuant les contours racistes de Garneau :

> Appuyé sur son arc, en son flegme farouche,
> L'enfant de la forêt, l'amertume à la bouche,
> Un éclair fauve au fond de ses regards
> [perçants,
> En voyant défiler ces étranges passants,
> — Embusqué dans les bois ou campé sur
> [les grèves, —
> Songe aux esprits géants qu'il a vus
> [dans ses rêves.
> Pour la première fois il tressaille, il a peur . . .
> Il va sortir pourtant de ce calme trompeur ;
> Il bondira, poussant au loin son cri de guerre,
> Défendra pied à pied son sol vierge naguère,
> Et, féroce, sanglant, tomahawk à la main,
> Aux pas civilisés barrera le chemin !⁸

Au guet farouche du « cannibale » Fréchette
oppose la cérémonie qui eut lieu dans le choeur de la
cathédrale de Saint-Malo, quelques jours avant l'em-
barquement pour « le Canada mystérieux et sombre »,
le 19 mai 1535. Ce que Cartier évoque en moins de dix
lignes laconiques au début du *Brief Recit* fait l'objet
d'une description ampoulée dans *la Légende d'un
peuple* :

> La cathédrale a mis ses habits les plus beaux :
> Sur les autels de marbre un essaim de
> [flambeaux
> Lutte dans l'ombre avec les splendeurs irisées

---

⁸ *Ibid.*, p. 16. On peut comparer ce passage avec « l'Iroquois du lac Saint-
Pierre » qui raconte l'« épouvantable projet » de ladite Iroquoise qui,
lasse du « joug d'une race étrangère », enlève « le fils du seigneur voisin »
pour le poignarder, le scalper et lui dévorer le coeur « tout sanglant » . . .
Fréchette inclut ce poème un tantinet sadique dans un recueil intitulé
modestement *Mes Loisirs* . . .

Des grands traits lumineux qui tombent
                  [des croisées.
Agenouillé tout près des balustres bénis,
Un groupe de marins que le hâle a brunis,
Devant le Dieu qui fait le calme et la
                  [tempête,
Dans le recueillement prie en courbant
                  [la tête.
Un homme au front serein, au port ferme
                  [et vaillant,
Calme comme un héros, fier comme un
                  [Castillan,
L'allure mâle et l'oeil avide d'aventure,
Domine chacun d'eux par sa haute stature.
C'est Cartier, c'est le chef par la France
                  [indiqué :
C'est l'apôtre nouveau par le destin marqué
Pour aller, en dépit de l'Océan qui gronde,
Porter le verbe saint à l'autre bout du
                  [monde !
Un éclair brille au front de ce prédestiné[9].

Dans le poème « Terre ! » que traverse un souffle hugolien, le Beauceron William Chapman trace le portrait d'un Cartier romantique, rêveur et solitaire, plus apparenté à René qu'à Colomb, « amoureux du large flot grondant », entouré de « matelots aux poitrines d'airain » et qui

Brûlait de s'éloigner de la vieille Armorique,
Afin d'aller porter à la vierge Amérique
Resplendissant au fond de sa pensée en feu
Le Drapeau de la France et l'étendard
                  [de Dieu[10].

La traversée de l'Atlantique donne à Chapman l'occasion de décrire avec ampleur et emphase « les

[9] *Ibid.*, p. 34-35.
[10] *Les Aspirations*, p. 20 ss.

flots en délire » d'une tempête qui dura « Quatre longs jours ». Cartier, le capitaine « aux nobles convoitises », est représenté « sur le tillac, la narine gonflée / D'audace et de fierté ». On voit que l'idéologie patriotique des écrivains de cette époque se satisfait d'un répertoire limité de procédés et d'images. Fréchette et Chapman semblent plus préoccupés de césure — et de prix Nobel ! — que de sens critique.

Trente ans après la publication des *Aspirations,* lors des fêtes du quatrième centenaire de Gaspé, on retrouve le même ton et les mêmes idées. La prose du sénateur Lemieux évoque la figure du héros avec la même révérence, la même grandiloquence : « Quelques pages de ses récits sont comme des feuillets tombés des Saintes Écritures. Les noms qu'il donne aux fleuves, aux rivières, aux baies, aux caps, tombent du calendrier des saints[11]. »

Dans son « Óde à Jacques Cartier », Adolphe Poisson, le « barde des Bois-Francs », explicite à son tour le caractère religieux de l'expédition de Cartier :

Au pied du Mont Royal il lira l'Évangile
À ce verbe parlant par sa lèvre fragile
Tout un monde païen à l'instant croulera.
Il sera de la foi le précurseur superbe,
Le moderne St-Jean, et l'écho de ce verbe
Sur ces bords étonnés à jamais planera[12].
[...]
Pour donner à ton roi ce vaste territoire,
O marin, ce n'est pas la foudre qui tonne,
Et seule, une humble croix, pacifique victoire,
Fut le signe vainqueur dont l'Indien
[s'étonna[13].

---

[11] Voir « Hommages canadiens » in J. Camille Pouliot, *la Grande Aventure de Jacques Cartier,* p. 157.
[12] *Ibid.,* p. 170.
[13] *Ibid.,* p. 171.

Il est ahurissant de voir avec quelle complaisance, lors des mêmes fêtes, on trace le portrait physique et moral de Cartier. Alphonse Désilets y va de son couplet :

> Je t'imagine, aux jours lointains où tu partis,
> Anxieux et pensif, pour ta grande Aventure[14].

Son poème en alexandrins bien sonnants développe une extraordinaire image où le lys s'unit à l'érable :

> Et nous voulons rester Français et Canadiens,
> ˙Ouverts comme tes lys, francs comme nos
>                                    [érables . . .[15]

Toujours en 1934, année évidemment faste pour la mémoire du capitaine malouin, le chanoine Lionel Groulx consacre un bien curieux livre à Jacques Cartier, ainsi qu'aux grandes découvertes qui ont précédé ses expéditions[16].

Groulx, comme Garneau, proclame son attachement à la rigueur et à l'objectivité. Il dénonce la « copieuse manie de l'inexactitude[17] » qui ternit trop souvent, selon lui, les travaux des historiens. Il est vrai qu'un certain souci d'impartialité se manifeste occasionnellement, même en matière religieuse : « L'or, le passage à Cathay ! [...] S'il y a une mystique en tout cela, pour employer un mot aujourd'hui tant profané, c'est une mystique de commerçants, derrière laquelle se profile une rivalité politique[18]. » Mais, le plus

---

[14] *Ibid.*, p. 173.
[15] *Ibid.*, p. 174.
[16] En fait, seulement la moitié de l'ouvrage est consacré aux voyages de Cartier.
[17] *Ibid.*, p. 101.
[18] *Ibid.*, p. 102.

souvent, Lionel Groulx montre qu'il a une conception très orthodoxe, du reste fausse, de la Renaissance qui « mit à la mode un humanisme païen[19] » et provoqua « une décomposition moléculaire de la chrétienté[20] ». Dans ce désordre apocalyptique, la mission de Cartier se présente comme une édifiante épopée :

> N'outrons ni les mots ni les choses. Voici néanmoins tout le pays découvert noblement encadré entre la première croix érigée sur la rive labradorienne, aux abords du détroit de Belle-Isle, et cette lecture d'Évangile, à l'autre bout du fleuve, à Hochelaga. Geste de chrétiens qu'on ne peut séparer de toute signification[21].

Groulx tombe dans le même travers que ses prédécesseurs, cédant à la tentation de parer Cartier d'une auréole mythique. Il taille un portrait physique et moral sur mesure pour l'édification des générations ultérieures : « De nerfs solides et de froide décision, Cartier se révèle en même temps intrépide idéaliste[22]. » Groulx est particulièrement sensible, il va sans dire, à la « noble besogne de planteur de croix » du capitaine breton[23].

Par ailleurs, si l'historien s'indigne du comportement des marins de Corte-Real qui, « à défaut d'or, chargeaient leurs caravelles de cargaison humaine[24] », il n'en cherche pas moins à excuser les enlèvements de Cartier :

> même en ce geste non dénué de violence, le marin breton demeure encore à l'échelle de

---

[19] *Ibid.*, p. 149.
[20] *Ibid.*
[21] *Ibid.*, p. 140.
[22] *Ibid,* p. 131.
[23] *Ibid.*, p. 138.
[24] *Ibid.*, p. 114.

l'homme. L'enlèvement n'est pas commandé par un marchand d'esclaves, mais tout au plus par un découvreur qui entend se munir de documents. On se rappellera combien Cartier s'empresse de rassurer les deux captifs : aucun mal, leur promet-il, ne leur sera fait ; et , l'année prochaine, on les ramènera aux lieux où on les a pris. En face de ces pauvres gens quel n'a pas été d'ailleurs le premier mouvement du Breton catholique ? Il a jeté en sa relation de voyage cette phrase suggestive : « Nous congneumes que ce sont gens qui seroint fassilles à convertir.» Pensée toute simple, mais où se dessine ce qui sera, en Amérique du Nord, la généreuse politique de la France[25].

Sur le chapitre des Amérindiens, Groulx ressasse les vieux poncifs racistes : les indigènes sont de « grands enfants versatiles[26] », hypocrites, naïfs, envieux, cupides. En un mot, barbares.

En ce qui concerne la paternité des relations, les arguments de Groulx ne sont pas tous convaincants, il s'en faut : « Quoi qu'il en soit, la relation porte à sa face même, un caractère d'authenticité hors de conteste, sinon toujours d'absolue précision[27] ». Groulx reconnaît cependant plus loin que « la question paraît pour le moment insoluble[28] ».

Il aurait été étonnant que l'idéologie agriculturiste n'inspire pas notre historien : « L'admirable, en ces descriptions de marin, c'est la part faite à la terre, aux beautés et à la fécondité du sol, à ce que l'on pourrait appeler sa prédestination agricole. On pense à un pros-

[25] *Ibid.*, p. 115.
[26] *Ibid.*, p. 139.
[27] *Ibid.*, p. 104.
[28] *Ibid.*, p. 104, no 41.

pectus pour les terres neuves. Tout invitait à la prise du sol[29] ».

Une documentation riche, exhaustive même, souvent utilisée avec discernement, et des observations pertinentes sur le style des relations donnent de l'intérêt à l'étude de Lionel Groulx que gâtent malheureusement des élans patriotards (« la mission de la France chrétienne en Amérique[30] ») et des jugements hardiment racistes.

C'est encore en 1934 que Marius Barbeau publie *la Merveilleuse Aventure de Jacques Cartier*. Il faut souligner l'importance de ce petit livre au titre quelque peu trompeur car il s'écarte du ton habituel en ne donnant pas dans l'éloge hyperbolique. Marius Barbeau est probablement le premier auteur, si l'on excepte l'abbé Ferland[31], à présenter avec sympathie le point de vue des autochtones.

L'épithète *merveilleuse* que l'on trouve dans le titre implique moins le caractère extraordinaire de l'entreprise de Cartier que l'élément fabuleux qui entourait tous les voyages d'exploration de la Renaissance :

[29] *Ibid.*, p. 151.
[30] *Ibid.*, p. 139.
[31] « La capture du chef et de ses compagnons remplit de consternation ses sujets, qui s'enfuirent de tous côtés, les uns se jetant à la rivière, les autres courant vers la forêt dans la crainte d'éprouver un sort semblable. L'on ne saurait pallier l'injustice d'un tel procédé envers un vieillard inoffensif, qu'on arrachait à sa famille et à son pays, pour le transporter au-delà des mers et le jeter sur une terre étrangère. Quelque sauvage que fût sa patrie, elle ne pouvait manquer d'être chère à son coeur : elle avait nourri son enfance, elle renfermait les os de ses pères, elle avait été le témoin de toutes les peines et de toutes les joies de sa longue carrière. La seule excuse qu'il soit possible d'alléguer en faveur de Cartier, c'est l'exemple des découvreurs, ses devanciers ou ses contemporains, qui avaient agi de la même manière, ne se faisant point scrupule d'enlever quelques pauvres sauvages pour les offrir à la curiosité des hommes civilisés de l'Europe. » J.B.A. Ferland, *Cours d'histoire du Canada*, Tome 1, 2e édition, p. 36.

Barbeau parle d'ailleurs de « la croyance au merveilleux dans laquelle Cartier et les gens de son temps tombaient facilement (64) ».

La première partie de l'ouvrage est constituée de courts textes qui donnent la parole alternativement aux Peaux-Rouges et aux Blancs. Des extraits des relations de Cartier, qui tous concernent les naturels, sont entrecoupés de récits amérindiens ; sous forme allégorique, ils représentent les dangers de la présence européenne :

> Le Blanc, en débarquant dans notre Île, il y a longtemps, raconte encore le Peau-Rouge, y trouva mon ancêtre assis sur le gros bout d'un tronc d'arbre renversé par le vent.
> — Permets-moi de m'asseoir près de toi ! demanda l'étranger. N'y voyant aucun mal, mon aïeul fit assez de place au Blanc pour qu'il puisse s'asseoir à son côté.
> Le nouveau-venu en demanda aussitôt
> [davantage :
> — Recule-toi encore un peu !
> Mon ancêtre se recula.
> Mais ça n'était pas assez.
> — Recule encore, mais recule donc !
> Mon ancêtre se trouva bientôt acculé au
> [petit bout du tronc.
> Alors le Blanc s'écria :
> — Cet arbre est à moi ! (19-20)

Signalons que Marius Barbeau prend soin de donner le point de vue des indigènes *avant* celui des Blancs : l'arrivée des Français, en 1534, est d'abord décrite dans la perspective des Hurons qui comparent la grande barque des Blancs à un Oiseau-Tonnerre descendu des nues (10).

L'anthropologue présente les pièces du volumineux dossier des rapports entre les Français et les Amérindiens en intervenant le moins possible, sans doute plus par discrétion que par indifférence. Tous les textes de Cartier qui racontent les entrevues avec les Amérindiens sont cités : à Gaspé, à Stadaconé, à Hochelaga. Si Barbeau prend position, c'est discrètement mais efficacement, surtout en donnant la parole aux indigènes : « Hélas ! il en sera toujours ainsi. Le Blanc par supercherie s'emparera de nos territoires jusqu'à ce qu'il ne nous en reste plus rien (17).» Pourtant, Marius Barbeau cherche lui aussi à excuser certains agissements : « Jacques Cartier, en capturant deux Iroquois à Gaspé et dix à Stadaconé, ne faisait que s'arroger le droit commun du plus fort et du plus rusé sur les naturels de pays éloignés. Il n'était d'ailleurs pas le premier à le faire . . . (43)». Apparemment l'observation n'est ni ironique ni amère. Et Barbeau de rappeler les enlèvements exécutés par de Gonneville en 1505 et par Thomas Aubert en 1508. L'ethnologue ne semble pas reprocher les kidnappages à Cartier, qu'il appelle ailleurs « le grand aventurier malouin (180) ».

On peut évidemment regretter que Barbeau ne se soit pas davantage compromis par des commentaires plus explicites. Son livre se présente en définitive comme un montage de citations plus ou moins longues, une anthologie dont l'immense mérite est de consigner plusieurs points de vue.

Le petit livre quelque peu décousu mais agréable de Marius Barbeau marque un tournant dans la fortune des récits de voyage de Cartier. Cet ouvrage modeste s'écarte résolument de la tradition romantico-patriotarde pour mettre l'accent sur l'humanité des indigènes et les résonances intellectuelles (et politiques) des voyages d'exploration : « Le mirage tahitien se propagea à toute la France. [...] Déjà poignait à l'horizon la devise humanitaire et utopique : « Liberté, Égalité, Fraternité ! (113)»

Neuf ans plus tard, dans l'*Abatis* (1943), F.-A. Savard a publié une intéressante « Lettre à un ami sur les relations de Cartier[32] ». Il faut d'abord souligner le caractère didactique de cette lettre courte (7 pages) mais dense. Savard explicite « un projet très utile » qu'entretiennent l'auteur de la lettre et son correspondant érudit : on devrait faire dans nos écoles un grand usage des relations de Cartier pour y dégager une leçon de vie, aux plans personnel et collectif. Et Savard imagine le commentaire qu'un professeur pourrait faire « des textes admirables » de Cartier. Il s'agirait d'en apprécier la simplicité, la fraîcheur, la précision mais surtout l'esprit dans lequel ces textes furent écrits pour dresser les jeunes esprits à « l'apprentissage du rude métier de la connaissance » : le maître « présenterait quelques textes de notre grand Cartier, les plus frais, les plus émouvants, comme le conte merveilleux de l'esprit. » Les élèves gagneraient à une lecture ainsi envisagée

une bonne santé de l'esprit, de l'audace, de l'élan, une curiosité des choses de la nature, un besoin de voir chacun par soi-même ; ils découvriraient que rien n'est aussi aisé que tant de manuels le laissent entendre, et que ce n'est point sans risques ni misères que les biens, même les plus humbles de ce pays, leur ont été gagnés.

Comme, pour l'auteur de *Menaud*, « une navigation assez curieuse » dans le golfe a précédé la redécouverte des récits de voyage, Savard aimerait qu'il en soit de

---

[32] Félix-Antoine Savard, *l'Abatis*, p. 141-147.

même pour « le professeur de [son] hypothèse » : celui-
ci devrait avoir « visité les lieux de son itinéraire et de
sa profession » avant de se risquer à commenter le discours de Cartier. Le vécu devrait précéder le commentaire qui ainsi mettrait l'accent sur les états d'âme, en
particulier l'émerveillement et les angoisses, sur « des
idées et des sensations précises et vivantes » ; le glossa-
teur s'attacherait aux détails quotidiens de la périlleuse
navigation :

> Il y aurait la mer et, par les nuits paisibles où
> dorment les équipages, le pilote dans la timo-
> nerie noire, en tête à tête avec le vent, le
> compas, les étoiles. Et encore, aux jours que *le
> temps se tourne en ire et tourmente*, il y aurait les
> alertes, les maladies, l'odeur des cales, puantes
> comme le trou de la  bouette . . .

Savard cède au plaisir de citer, abondamment si
l'on songe à la longueur totale de la lettre, des extraits
des relations qui décrivent la faune et la flore lauren-
tiennes.

Le commentaire devra puiser au souvenir
personnel mais aussi à la mémoire collective, car selon
Savard les textes de Cartier constituent un retour aux
sources. « Et la jeunesse de ce pays verrait que cela
portait la foi, la civilisation de tout un continent et le
germe de notre peuple. » Savard, qui veut stimuler les
énergies, propose Cartier, Marquette, Jolliet, La Vé-
rendrye comme modèles de dépassement. Considérant
« l'époque tragique que nous vivons, nous, Français
(31) », Savard sent pour ses compatriotes « le besoin de
fortes vertus (27) », ainsi qu'il le dit ailleurs dans *l'Abatis.*

Signalons que si l'on excepte la conférence sur le

paysan et la nature, qui constitue une séquence un peu
à part, cette lettre, en terminant le livre, répond au
morceau du début sur les oies sauvages menées par
l'« oie-capitaine (38)» et les « risques du voyage »
(Ibid.).

La lettre s'accorde parfaitement avec l'esprit
général de l'Abatis, elle en constitue même une sorte de
couronnement, avec une projection vers l'avenir collectif : le thème de la fidélité à la « pure source
française (23)» revient comme un leitmotiv mais aussi
le souci de proposer un héritage sacré à la jeunesse.
Est-ce la raison pour laquelle Savard ignore totalement
les Amérindiens dans sa lettre ?

L'écrivain partait de faits précis, en l'occurence de
cette « fertile saison de 1935 où cinquante hommes,
pères de familles et jeunes gens, résolurent de nous
suivre à la conquête du Nord (24)». Le retour à la terre
paraissait alors la solution pour « résoudre le problème
économique et social (32)». En outre, il ne faut pas
oublier que le livre se situait manifestement dans une
perspective idéalisante : « Tant et si bien que je ne vis
bientôt plus, au lieu d'une colonisation particularisée,
que les traits les plus poétiques d'une oeuvre qui ne
s'arrêtait pas de vivre en moi, et de se libérer de beaucoup de détails inutiles (20)». Dans la création littéraire « se compénètrent le fait, le rêve et le désir (21)».
Si le souvenir est «« souvent imprécis », en revanche
l'idéal est « le plus exact (21)». Et Savard se plaît à retrouver chez les bûcherons, vagabonds et défricheurs
de 1935 un « atavisme hérité des anciens Voyageurs
(24) ».

Cette lettre se situe par son dessein patriotique et
son ton quelque peu grandiloquent dans la ligne des en-

treprises de Lionel Groulx. Elle s'en éloigne dans la mesure où l'idéologie est consciente, explicitée, et par la pertinence de son analyse thématique et stylistique. Savard est plus poète et critique qu'historien, en somme peut-être plus près de l'auteur de *Toutes Isles*, Pierre Perrault, que de Groulx.

*Toutes Isles* (1963) est un recueil poétique dont le style élevé n'est pas sans rappeler *l'Abatis*. C'est une somptueuse « chronique de terre et de mer » où Cartier et Champlain sont cités à côté de Ferron, Pilon, Préfontaine, Rilke.

Par l'intermédiaire de Cartier, Perrault part à la recherche du pays perdu et d'une « histoire racontée sans remords (173)[33] ». *Toutes Isles* est une suite de versets qui célèbre une réconciliation avec l'espace et l'histoire. Le poète s'imagine « sur le dos blanc d'un blanc dauphin blanc » qu'il nomme Blanchon. Dans les relations de voyage de Cartier, le dauphin est décrit d'une façon approximative, symbole de la réalité nouvelle, étonnante, source d'émerveillement[34].

---

[33] Danielle L'Heureux reprendra à sa façon la démarche de Perrault dans un article au titre résolument moderne : « Un vrai *trip* » : « S'il était possible de se refaire les yeux à l'innocence, on le revivrait chaque jour, ce voyage merveilleux, puisqu'il s'est fait en notre pays, on le ferait ce « trip » sans drogue, si on trouvait le courage de partir à la recherche du connu : on le vivrait à nouveau . . . ce « trip » de Jacques Cartier ! » *Perspectives*, 29 juillet 1972, p. 6.

[34] « Le lendemain [3 septembre 1535], au matin, fismes voille et appareillasmes pour passer oultre : et eusmes congnoissance d'une sorte de poissons, desquelz il n'est mémoire d'homme avoyr veu ny ouy. Lesdictz poissons sont aussi groz comme morhoux, sans avoir aucun estocq, et sont assez faitz par le corps, et teste de la façon d'un lévrier, aussi blancs comme neige, sans avoir aucune tache, et y en a moult grand nombre dedans ledict fleuve, qui vivent entre la mer et l'eaue doulce. Les gens du pays les nomment *adhothuys* : et nous ont affermé n'y en avoyr, en tout ledict fleuve, ny pays, que en cest endroyt. » « Voyages de Jacques Cartier au Canada », dans *les Français en Amérique pendant la première moitié du XVIe siècle*, p. 130.

Sur le dos de Blanchon, le poète survole la côte Nord, Anticosti, « cette fleur aux pétales d'épaves », Tête à la Baleine, le détroit de Belle-Isle, l'Anse Tabatière, en somme la région que Cartier baptisa « Toutes Isles ». Il décrit lyriquement les villages des pêcheurs et des Montagnais, observe pieusement les beaux gestes quotidiens, les navires, le froid, la neige, les îles, les baies et la mer, « notre objet le plus pur » (229).

La deuxième partie du recueil s'intitule « Jacques Cartier capitaine du Roy ». Le capitaine de Saint-Malo relaye provisoirement Blanchon pour devenir guide poétique à son tour. Mais ne nous y trompons pas, c'est moins l'homme qui intéresse le poète que les relations proprement dites, le « testament de longitude et de latitude », « la chronique d'un pays difficile » qui appartient à « l'écriture fabuleuse des premiers poèmes de cette terre ».

Pierre Perrault aspire à retrouver le regard émerveillé que Cartier porta sur un paysage inédit, nu :

Les mystères et les exubérances d'archipels, d'anses, de rivières, d'oiseaux et de montagnes ayant délibéré dans son coeur, Cartier prononça les paroles les plus belles qu'on puisse dire à toute terre qu'elle soit nouvelle encore ou ancienne déjà : « et pour ce que nous voullions abvoir plus emple congnoissance desdits paroiges, mismes les voiles bas et en travers »(45).

Perrault cherche les composantes originelles de l'âme québécoise et, mêlant la légende à l'histoire, établit des correspondances entre le présent et le passé. Cette démarche spécifique amène le poète à exploiter l'élément merveilleux qui accompagne souvent les récits de voyage de la Renaissance :

C'est alors que les baleines avalaient navires de
soixante tonneaulx et plus ... c'est alors que les
narvals embrochaient les barques ... c'est alors
que les départs ne se préoccupaient pas de
retours, car la vie valait le voyage s'il faut en
croire les portulans et les mappemondes et les
enluminures (46-47).

Perrault réconcilie, poétiquement pour ainsi dire,
le capitaine du Roy et les nomades du caribou. La perspective poético-épique tente de concilier l'émerveillement de Cartier et « les mots, les symboles et les mystères de l'âme montagnaise (157)». *Toutes Isles*, que
Pierre Perrault a écrit en même temps qu'il réalisait
« Pour la suite du monde », veut rassembler des éléments qui constituent notre géographie intérieure[35]. Il
est difficile de parler d'échec ou de réussite dans une
perspective à la fois poétique et anthropologique. Mais
on peut observer que Cartier et le Montagnais inspirent
dans le recueil de Perrault deux parties qui se suivent
mais ne communiquent pas vraiment ; elles restent bien
distinctes, thématiquement étanches, comme si l'intégration des éléments était difficile. Le capitaine d'hier
et le nomade d'aujourd'hui ne parviennent pas à se
donner la main. Même sur le mode poétique la réconciliation est malaisée.

*Historiettes* (1969) de Jacques Ferron est un recueil
de trente-cinq articles courts qui avaient d'abord paru
dans *l'Information médicale et paramédicale*. Quelques

---

[35] « Dans *Toutes Isles*, écrit Maximilien Laroche, c'est une image de
l'homme québécois, pêcheurs de marsouins à l'île aux Coudres, chasseur
de loups marins dans le grand Nord et nomade du Caribou dans les réserves qu'il [Perrault] a voulu donner. En somme, ce qu'il veut faire, c'est
peindre un visage du Québec où seraient intégrés ses traits français, esqui-
maux et indiens. » « La Conscience américaine de la nouvelle poésie
québécoise », dans *Cahiers de Sainte-Marie*, mai 1966, no 1, p. 74.

titres montrent bien le caractère à la fois historique et
polémique de l'entreprise :

> Colomb, les morutiers et les Vikings
> Saint-Tartuffe
> Cyrano et les Jésuites
> Canoniser Copernic
> Le Royer et sa Mance
> Sieur Dollard, trois fois morts (sic)
> Maître Borduas

Ferron n'hésite pas à faire tomber de leur piédestal
les héros traditionnels : c'est ainsi que Dollard des
Ormeaux est remplacé par le patriote Chénier, et
Maurice Duplessis par le peintre Borduas ! Une épi-
graphe agressive donne le ton au recueil tout entier :
Ferron dénigre d'entrée de jeu nos historiens, « ces jo-
crisses, qui, sous prétexte de frégoter le document, ont
été des faussaires et ont tout fait pour mettre le passé
au point mort — et pourtant l'histoire vit comme un
roman ». Plus loin, Ferron précise vertement que
Cartier « n'a pu découvrir le Canada à Gaspé pour la
bonne raison que le Canada ne s'y rendait pas. [...]
Qu'on sache là-dessus que je m'occupe d'histoire simplement parce que la sottise des historiens me
fâche ! (54) »

La tête de Turc, c'est le chanoine Groulx, qui a
incarné pendant un bon demi-siècle le nationalisme
franco-catholique : « Au Canada il [le nationalisme]
devint une sorte de trémoussement devant la race pure
et le haras ; doux Jésus ! que nous étions français, plus
français qu'en France parce que Français et catholique, ouida « [...] Groulx devint orateur et mauvais historien (28). » Mais ce que Ferron reproche le plus à
Groulx, c'est son mépris ostensible pour les Amérindiens :

> Des sauvages il n'a fait qu'une petite bouchée.
> Ils nuisaient à sa théorie, les pauvres bougres !
> Tout au plus servaient-ils de repoussoir à la
> vertu française. Contre ces dégénérés, la race
> pure ! [...] L'erreur de ce brave homme fut la
> suivante : il n'a pas compris que l'Amérique
> française n'était au fond que l'Amérique amé-
> rindienne (28).

On note par ailleurs que l'auteur de *l'Amélanchier* a
une idée catégorique sur le moment où débute notre
histoire. Ce qui a précédé le XIXe siècle appartiendrait
plutôt à la littérature :

> L'histoire d'un peuple débute au moment où il
> prend conscience de lui-même et acquiert la
> certitude de son avenir. Or cette foi et cette
> conscience n'ont pas été ressenties en Bas-
> Canada avant le XIXe siècle. Tout ce qui pré-
> cède n'est que littérature (11).

On pourrait sans doute renverser la proposition et
considérer que tout ce qui vient avant le XIXe siècle
appartient à l'histoire plutôt qu'à la « littérature ».
Mais respectons les étiquettes un peu trop englobantes
de Ferron qui en arrive à proposer un aphorisme
séduisant : « Vraiment on ne peut assumer que le passé
qu'on a vécu (13) ». Quels sont les signes qui permettent
de penser que telle tranche du passé collectif a été
vécue, voilà ce que Ferron ne précise pas suffisamment. Quoi qu'il en soit, puisque nous ne l'aurions
pas *vécue*, la Nouvelle-France ne nous concerne pas directement, les relations de Cartier non plus :

> Le journal de Cartier est une introduction à Ra-
> belais et à l'ethnographie amérindienne. La
> Nouvelle-France des Jésuites appartient à la
> Contre-Réforme catholique, celle du Roi avec

LECTURES D'UNE LECTURE 181

Frontenac, Lahontan, Bougainville, à l'Ency-
clopédie.[...] Tout cela ne manque pas d'intérêt,
mais ne nous concerne qu'indirectement, oeuf,
embryon, foetus que nous étions (12).

C'est pourtant le même Ferron qui affirmait en
1957 que « ce détestable découvreur [Cartier] est le
premier de nos écrivains » (*Information médicale et
paramédicale*, IX, n° 22, p. 12). À vrai dire, l'attitude de Ferron paraît quelque peu tiraillée en face
de textes qui sont pourtant « nôtres à plus d'un titre ». Il
s'indigne — on le comprend — des croix « sinistres » de
Cartier et de la « mauvaisté » que le capitaine attribue
avec désinvolture aux indigènes (43-44) : « Ce lors ap-
persumes leur mauvaisté, je l'ai toujours gardé sur le
coeur ; il faut s'en pénétrer, c'est l'écoeurement préli-
minaire, le péché originel de notre histoire (106) ». Ce
haut-le-coeur amène Ferron à brosser un tableau
quelque peu édénique de la vie amérindienne à l'époque des explorations : la situation n'était pas aussi
sereine qu'il le laisse entendre[36]. Il ne faut pas oublier
que, suivant le témoignage de Donnacona, les Algonquins (Agojudas), au nord, et les Toudamans (Etche-
mins), au sud, « menoyent la guerre continuelle » aux
habitants de Stadaconé (152, 156).

Ferron reconnaît tout de même certaines qualités
aux relations de Cartier :

On peut s'importuner de sa suffisance européenne, il faut reconnaître l'honnêteté de sa
relation. Il répugne même à se porter garant de
ce qu'il a entendu dire (102).

Il y a dans Cartier de jolies choses, par exemple,
passé l'île d'Orléans, son arrivée à Québec (104).

---
[36] Autres mythes auxquels Ferron succombe avec légèreté, celui du génie
collectif (41), celui de l'artiste-prophète (179).

Après *Komalmouk*, ma fille pouvait lire Cartier
qui, dans sa naïveté, nonobstant sa suffisance, a
su montrer la douceur iroquoise et la fête émou-
vante avec laquelle on l'accueillit (106).

On sent bien que Ferron reste toujours hésitant
devant ces textes auxquels Savard pour sa part donne
un caractère « sacré ». Sans doute faut-il les assumer
avec leurs « jolies choses » et leur « suffisance »...
Comme Ferron étrille les historiens pour leur vision
manichéenne de l'histoire, on s'attendrait à ce que sa
propre lecture de Cartier soit sérieuse, sinon scientifique. Force nous est de reconnaître que ce n'est pas
toujours le cas. Ferron remplace simplement une grille
idéologique par une autre, laquelle, tout compte fait,
est aussi dualiste que la première.

Les tiraillements de la pensée ferronienne
viendraient-ils de l'impossibilité de concilier les impé-
ratifs scientifiques et les présupposés idéologiques ?
Toujours est-il que notre médecin humoriste s'en tire
avec des boutades, des pirouettes, des contradictions,
et un titre, *Historiettes*, faussement modeste.

*

On constate qu'historiens et écrivains ont souvent
soutenu une position extrême à l'égard de Cartier. Le
navigateur de Saint-Malo est considéré comme un
héros par les uns, comme un individu méprisable par
les autres, sans aucune considération pour les circons-
tances historiques. Cartier et l'Amérindien ont toujours
fait les frais d'une mise en balance idéologique, l'un
étant porté aux nues aux dépens de l'autre. Entre un
Ferron qui voit dans les récits de Cartier « notre péché
originel » et un Savard qui y voit « une sorte de

Genèse », il ne semble pas y avoir de la place pour une attitude nuancée. Ce qui étonne aussi, c'est dans un cas comme dans l'autre la persistance du vocabulaire religieux, l'obsession du sacré. Ferron serait-il moins mécréant qu'il le pense ? Toujours est-il que s'il jette le héros en bas de son piédestal, c'est pour nous gratifier du péché originel, qu'il se hâte d'ailleurs de racheter. En effet, pour nous donner un statut virginal, Ferron remplace tout simplement Cartier par l'Amérindien. L'opération procède du complexe du socle : l'important est qu'il y ait quelqu'un dessus. Ce tour de passe-passe, qui consiste à substituer pour notre bonne conscience un héros national à un autre, a un nom en psychanalyse : il s'agit bien d'un transfert. Et voilà que tout à coup nous découvrons ce qui se cachait depuis si longtemps derrière les hauts de chausse de Cartier : notre amérindianité. De quoi est-elle faite ? De toponymes (relativement nombreux), de mots (moins nombreux qu'on le croit généralement[37]). D'un mythe : le métissage[38]. Mais quels sont les nombreux traits culturels que le Québécois aurait empruntés à l'Amérindien pour les faire siens, voilà ce sur quoi l'esprit — ou l'anthropologie — achoppe.

Si Ferron ne donne pas encore carrément dans le mythe du bon sauvage, Léandre Bergeron, lui, ne s'embarrasse pas de nuances : « L'homme blanc, hypocrite, menteur, voleur, se joue de l'honnêteté et de la naïveté du Rouge[39]. » Au fond, la situation n'a pas tellement

[37] Voir Raymond Arveiller, *Contribution à l'étude des termes de voyage en français (1505-1722)*, Paris, Éditions d'Artrey, 1963, 569 p.
[38] « On doit souligner que notre population canadienne-française est à l'opposé de ce qu'un métissage avec les Indiens aurait pu produire. » Jean Benoist et Claude Magnan, « les Groupes sanguins des Canadiens français », dans *l'Anthropologie*, tome 73, no 1-2, 1969, p. 61.
[39] *Petit Manuel d'histoire du Québec*, Éditions Québécoises, p. 15-18. Voir aussi Léandre Bergeron et Robert Lavaill, *l'Histoire du Québec*, Éditions Québécoises, p. 11-16.

changé depuis François-Xavier Garneau : le couple
Cartier-Amérindien est toujours mythique mais les
rôles ont été inversés, et nous ne sommes jamais sortis
de la problématique *western*.

La mode est aujourd'hui à l'américanité, à l'amérindianité (en attendant sans doute l'italianité — après
tout, nous sommes grands consommateurs de pizzas !)
mots passe-partout, concepts délicats, moins anthropo-
logiques qu'idéologiques. Du moins tant que des études
sérieuses n'auront pas été entreprises sur ces questions
difficiles. Pour le moment, ces étiquettes contribuent
surtout à refuser une certaine francité.

Par ailleurs, il serait facile de juger de haut les
Garneau, Fréchette, Chapman, Groulx, mais ce serait
manquer totalement de sens historique : « L'histoire
des idées est aussi celle de la relativité des choses, écrit
Jean Éthier-Blais ; on ne doit pas juger l'Abbé Groulx
en fonction de notre temps, mais du sien[40]. » À divers
moments de notre passé, les porte-parole de la bour-
geoisie canadienne-française[41] n'ont pas abdiqué. On
peut déplorer leurs tics littéraires, leurs contradictions
idéologiques, leur francophilie aveugle, il est plus difficile de mettre en doute leur désintéressement, leur
amour du pays et du peuple québécois. Leurs oeuvres
peuvent nous paraître démodées sous bien des aspects,
ces hommes avaient tout de même l'immense mérite de
percevoir combien leur peuple était menacé. Nous
avons remplacé leurs extravagances rhétoriques et
idéologiques par d'autres : c'est que leurs con-

---

[40] « Vision du nationalisme de Lionel Groulx », *Le Devoir*, 25 juillet 1970.
[41] Sur l'émergence de cette classe au début du XIXe siècle, les caractères
de l'*élite* des années 1840 et ses justifications idéologiques, voir de
Fernand Dumont, « De l'idéologie à l'historiographie : le cas canadien-
français », in *Chantiers, essais sur la pratique des sciences de l'homme*, p. 85-
114.

tradictions sont encore d'une certaine façon les nôtres.

Pendant près d'un siècle, nos oeuvres historiques et littéraires n'ont été qu'une réponse sincère, pathétique à la provocation de Durham[42]. Cartier incarnait pour Garneau et ses successeurs l'idée de la résistance. C'est l'aspect positif du mythe qui alimentait les « idéologies de survivance nationale », toutes « moralisantes et abstraites » qu'elles étaient[43]. Aujourd'hui, alors que le Québec traverse lui aussi sa crise de civilisation, remet en question son patrimoine culturel, le mythe cartiérien a — heureusement — perdu de son attrait, mais il subsiste : Cartier est idéalisé par les uns, méprisé par les autres, poétisé par Perrault, toléré par Ferron, dépeint sous l'angle humoristique par Louis Pelland[44], mis dans le goût hippie par Danielle L'Heureux[45]. La Bolduc se référait hier à Cartier,

C'est ici que sur nos côtes
Jacques Cartier planta la croix.
France, ta langue est la nôtre,
On la parle comme autrefois[46].

Charlebois fait de même aujourd'hui : « On est des « Gypsies » oubliés / Par les amis de Jacques Cartier[47]. »

Le mythe tangue mais navigue toujours.

[42] « On ne peut guère concevoir nationalité plus dépourvue de tout ce qui peut vivifier et élever un peuple que les descendants des Français dans le Bas-Canada, du fait qu'ils ont gardé leur langue et leurs coutumes particulières. C'est un peuple sans histoire et sans littérature. » *Rapport sur les affaires de l'Amérique du Nord britannique,* éd. Marcel-Pierre Hamel, p. 30.
[43] Ces expressions sont empruntées à Marcel Rioux, « Aliénation culturelle et roman canadien », *Littérature et société canadienne-française,* p. 146.
[44] « Nos découvreurs et redécouvreurs », *Perspectives,* 18 septembre 1971, p. 22 ss. La finale donne une idée du ton de l'ensemble : « Jacques Cartier s'éteignit en 1557, plein de gloire et de rhumatismes. Sur sa tombe, on grava ses dernières paroles : « J'ai mon voyage. »
[45] « Un vrai trip », *op. cit.*
[46] Extrait de « la Gaspésienne pure laine ».
[47] Extrait de « Qué-Can Blues ». *La Presse,* 23 juin 1973, p. 28.

## 12. Comment voyager ?

> Nous prenons des notes, nous faisons des
> voyages : misère, misère ! Nous devenons
> savants, archéologues, historiens, méde-
> cins, gnaffes et gens de goût. Qu'est-ce que
> tout ça y fait ? Mais le coeur, la verve, la
> sève ? D'où partir et où aller ?[1]

La découverte de Jacques Cartier est ambiguë
dans la mesure où les récits associent enchantement et
répulsion (devant les paysages et surtout les autochtones), attitudes rationnelles et réactions émotives.
L'ambiguïté résulte aussi des constantes interférences
de l'Ancien Monde et du Nouveau, comme en témoignent les incessantes comparaisons.

Les relations attribuées à Cartier constituent une
lecture équivoque du pays laurentien car les dispositions affectives sont conditionnées par un outillage
mental spécifique, celui de la fin du Moyen Âge européen. Le récit se veut neutre et objectif, il prétend reproduire fidèlement la réalité mais il n'existe pas dans
l'absolu, référant constamment à la motivation idéolo-

---

[1] Gustave Flaubert à Louis Bouilhet, 4 juin 1850, t. II, p. 202. Cité par Geneviève Bollème, la Leçon de Flaubert, p. 13.

gique. Cartier invente dans une certaine mesure le
paysage et ses habitants. Michel de Certeau constate
que même si les « histoires de voyages et tableaux ethnographiques » du temps sont

> le produit de recherches, d'observations et de
> pratiques, ces textes demeurent les récits qu'un
> milieu se raconte. [...] Les expériences nouvelles
> d'une société ne dévoilent pas leur « vérité » à
> travers une transparence de ces textes ; elles y
> sont transformées selon les lois d'une mise en
> scène scientifique propre à l'époque. À ce titre,
> ces textes relèvent d'une « science des rêves », ils
> forment des « discours sur l'autre »...[2]

« Il faut bien plus que des bagages pour voyager »,
dit une chanson de Vigneault. Prisonnier des idéologies
européennes, Cartier balance entre le Nouveau Monde
et l'Ancien, hésitation autrement plus dramatique que
celle qui l'amène à partager la vallée entre Bacchus et
Caïn. À l'égard de l'Amérindien mécréant, insouciant,
impudique, les sentiments français sont encore plus
troubles : il faudrait peut-être parler de traumatisme
plutôt que d'embarras. En face de l'homme de Culture
se déploie « le monde de l'altérité maximale : la Nature
sauvage[3] ».

Le capitaine du roi songeait davantage à mener à
bien une mission royale qu'à « frotter et limer [sa] cer-
velle contre celle d'autruy[4] », pour suivre la leçon de
Montaigne. D'où sa hâte, par exemple, à franciser les
titres amérindiens. On comprend que Donnacona,
affublé d'un chapeau parisien, ait eu quelquefois « l'oeil
au boys » (177).

----

[2] Michel de Certeau, *l'Écriture de l'histoire*, p. 217.
[3] *Ibid.*, p. 234.
[4] *Essais*, I, XXVI, p. 163.

Voyager est un art difficile :» il vaut mieux être oeil tout bonnement», affirmait Flaubert à Louis Bouilhet[5]. Mais l'expérience du voyage qui mise étroitement sur la spontanéité, le « naturel », est-elle seulement possible ? Dans ses relations, Cartier parle autant de lui que des paysages et des habitants qu'il décrit. Il découvre moins les « terres neuves » par ses trop brèves descriptions qu'il ne dévoile son propre milieu.

Par ailleurs, comment une relation de voyage, avec ses cadres étroits, qui se fonde principalement sur les notations descriptives, aurait-elle pu transcrire fidèlement toute la réalité, d'autant que « par notre langage nous coupons l'objet du monde », ainsi que l'observe Geneviève Bollème ?[6]

Si la lecture que Cartier fait du pays est ambiguë, celle des lecteurs de Cartier l'est tout autant, tributaire des idéologies du moment, donc orientée. Je n'ignore pas combien ma propre lecture est historiquement située. La question est de savoir s'il est possible de lire autrement. On a beau se méfier de l'anachronisme, comment distinguer ce que la relation de Cartier disait en 1545 et ce qu'elle nous dit maintenant, quatre siècles plus tard ? Comment interpréter un discours sans l'altérer ?

Comment lire ? Comment voyager ?

1972-1974

---

5 13 mars 1850, t. II, p. 169. Cité par Bollème, *op. cit.*, p. 16.
6 Bollème, *op. cit.*, p. 12.

# CHRONOLOGIE
## Premier voyage (20 avril 1534 — septembre 1534)

| DATE | LIEU | REPÈRE | PAGE[1] |
|---|---|---|---|
| 20 avril | Sainct Malo | « partimes » | 79 |
| 10 mai | Terre Neuffve Cap de Bonne Viste | | |
| 23 mai | Isle des Ouaiseaulx (Funk Island) | « desqueulx y a si grant numbre » | 80 |
| 27 mai | Baye des Chasteaulx Hable du Karpont Isle saincte Katherine (Île de la Goélette) Blanc Sablon Isle des Ouaiseaulx (Greenly island) | « contrariété du temps » « passer, o l'aide de Dieu, oultre » | 82 |
| 10 juin | Hable de Brest | « Toutes Isles » | 85 |
| 12 juin | Hable de sainct Servan Ripvière sainct Jacques Hable Jacques Cartier | Un navire de La Rochelle « l'un des bons hables du monde - | 86 87 |
| | (Baie Mistanoque) | « la terre que Dieu donna à Cayn » | |
| 14 juin | Hable de Brest (Baie de Bonne-Espérance) Cap Double (Pointe Riche) | « pour avoir la congnoissance de la terre que nous y voyons » | 88 |

[1] La pagination renvoie à l'édition Beauchesne.

| DATE | LIEU | REPÈRE | PAGE |
|------|------|--------|------|
| 13 juillet | | « vant controire » | 103 |
| 14 juillet | (Baie de Gaspé) | « nous vint le vent » | 104 |
| 16 juillet | | «la plus pouvre gence qu'il puisse estre au monde » | |
| 24 juillet | | « croix de trente piedz » « grande harangue » de Donnacona Indiens capturés | 106 |
| 25 juillet | (Île d'Anticosti) | « le vent vynt bon » | 108 |
| 27 juillet | Cap saint Loys | | |
| 29 juillet | Cap de Monmorancy (Table Head) | | 109 |
| 1er août | (Cap de Rabast) Cap Thiennot (Pointe Natashquan) | « pour veoyr s'il c'estoit baye ou passage «ne sçavions les dangiers » | 111 |
| 9 août | Blanc Sablon | | 112 |
| 15 août | | « grande tormente » | |
| 15 septembre | Saint-Malo | | |

## Deuxième voyage (19 mai 1535 — 16 juillet 1536)

| | | | |
|------|------|--------|------|
| 19 mai | Saint-Malo | « le vent vint bon et convenable » | 119 |
| 26 mai | | « nous entreperdymes tous troys » | 120 |
| 7 juillet | Isle es Oyseaulx (Funk Island) | | |
| 15 juillet | Blanc Sablon | « attendans noz compaignons » | |
| 26 juillet | | Arrivée des autres vaisseaux | 121 |
| 29 juillet | | « fymes voille pour passer oultre » | |
| 1er août | Havre sainct Nicollas | « une grande croix de boys pour merche » | 123 |

| DATE | LIEU | REPÈRE: | PAGE |
|---|---|---|---|
| 8 août | Cap de Rabast (Anticosti) | | |
| 9 août | Baye sainct Laurens (Baie Sainte-Geneviève) | « une fort belle et grande baye » | |
| 13 août | | « fismes porter à ouaist » | |
| 15 août | Rive sud | « une terre à haultes montaignes à merveilles » | 124 |
| 17 août | Exploration de la côte sud | « le chemyn et commancement du grand fleuve » | 125 |
| 18 août | | C. cherche un « passaige vers le nort » | 126 |
| 19 août | Ysles Rondes (Sept Isles) | « Et lors que nous fumes certains » | 127 |
| 21 août | Isle de l'Assumption (Anticosti) (Manicouagan) (Le Bic) | « chemyn faisant » « ung pays fort dongereulx » | 128 |
| 1er septembre | Saguenay | « quatre barques du Canada » | 129 |
| 2 septembre | (Île aux Lièvres) | « marée fort courante et dongereuse » | |
| 3 septembre | | « entre la mer et l'eaue doulce » | 130 |
| 6 septembre | Isle es Couldres | Noisetiers, tortues | |
| 7 septembre | (Île d'Orléans) | « plusieurs gens du pays » | 132 |
| 8 septembre | Saincte Croix (Rivière Saint-Charles) | « bonne amour et bon vouloir » des Amérindiens | 133 |
| 14 septembre | | C. projette d'aller à Hochelaga | 134 |
| 15 septembre | | « bastons de guerre » | 135 |
| 16 septembre | | Donnacona ne veut pas que C. aille à Hochelaga | 136 |
| 17 septembre | | « Taignoagny ne valloit riens » | 137 |
| 18 septembre | | « grande finesse » des Amérindiens | 138 |

# CHRONOLOGIE 195

| DATE | LIEU | REPÈRE | PAGE |
|---|---|---|---|
| 19 septembre | Vers Hochelaga<br>Achelacy (Portneuf) | « amont ledict fleuve »<br>Visite d'un « grand seigneur » | 140<br>141 |
| 28 septembre | (Lac Saint-Pierre) | | 142 |
| 2 octobre<br>3 octobre | Hochelaga | « grand joye de nostre venue »<br>« pour aller veoyr la ville » | 144<br>145 |
| 4 octobre | Mont Royal | | 146 |
| 7 octobre | Ripvière de Fouez<br>(Saint-Maurice) | | 153 |
| 11 octobre | Hable de saincte Croix | « pour se deffendre contre<br>tout le pays » | 154 |
| 12 octobre | | Visite de Donnacona | 155 |
| 13 octobre | Stadaconé (Canada) | « aucune creance de Dieu qui<br>vaille » | 156 |
| 13 octobre | | Une fillette s'enfuit<br>« Voyant la malice d'eulx »<br>« une ripvière entre deulx » | 160<br>161 |
| 4 novembre | | Taignoagny « fort malade » | 162 |
| 5 novembre | | On ramène la fugitive<br>« Ledict fleuve commance »<br>« Toute la terre des deux<br>coustéz dudict fleuve »<br>Morses, «entre la mer et<br>l'eaue doulce »<br>Le royaume de Saguenay | <br><br>164<br><br>165<br><br>166 |
| décembre | | « D'une grosse maladie et<br>mortalité » | 168 |
| mi-février | | Prières, autopsie | 169 |
| mi-avril | | Annedda (cèdre blanc) | 172 |
| 21 avril | | Visite de Domagaya avec<br>des inconnus<br>« Lors appersumes leur<br>mauvaistié » | <br><br>175 |
| 3 mai | | Croix de trente-cinq pieds<br>Capture des chefs | 176<br>177 |
| 4 mai | | C. promet de ramener Donnacona | 178 |
| 5 mai | | Préparatifs de départ | 179 |

| DATE | LIEU | REPÈRE | PAGE |
|---|---|---|---|
| 6 mai | Isle d'Orléans | | 180 |
| 7 mai | Isle es Couldres | | |
| 16 mai | (Île aux Lièvres) | « le vent vint contraire » | 181 |
| 21 mai | Honguedo (Gaspé) | « le vent estoit convenable » | |
| 26 mai | Isle de Bryon | | |
| 3 juin | Terre Neufve | | 183 |
| 6 juin | Illes de sainct Pierre | | |
| 19 juin | | « Et appareillasmes » | |
| 16 juillet | Sainct Malo | | |

## Troisième voyage (23 mai 1541 — 18 septembre 1542)

| 23 mai | Saint-Malo | « faire voile incessamment » | 188 |
|---|---|---|---|
| 8 juin | Hâvre de Carpont | « tourmentes continuelles »<br>« attendant le sieur de Roberval » | 189 |
| 23 août | Hâvre de<br>Saincte-Croix<br>Rivière du cap Rouge | Agona, « nommé roy par Donnacona »<br>« une petite rivière » | 190 |
| 26 août | Cap Rouge | « un promontoire haut et raide »<br>« estimions estre diamans » | 192 |
| 7 septembre | Charlesbourg Royal<br>Hochelay (Portneuf) | Départ pour Hochelaga<br>C. « donna deux jeunes garçons » | 194 |
| 11 septembre | Courants Sainte-Marie<br>Rapides de Lachine<br>Retour aux barques<br>Hochelay<br>Charlesbourg Royal | « avec vent tellement favorable »<br>« tant par signes que par paroles »<br>« belles cérémonies et joieusetés »<br>« ne put y trouver personne »<br>On appréhende une attaque | 195<br>196<br>197 |

### FIN DE LA RELATION

| Mi-juin | Baie Saint-Jean | Roberval | |
|---|---|---|---|
| | | « se sauvèrent secrètement » | 202 |
| Juillet | | Guerre François Ier — Charles-Quint | |

# BIBLIOGRAPHIE

1. **Éditions**

*The Voyages of Jacques Cartier.* Published from the Originals with Translations, Notes and Appendices by Henry Percival Biggar. Ottawa, Publications of the Public Archives of Canada, n° 11, 1924, XIV-330 p.

Pouliot, J. Camille. *La Grande Aventure de Jacques Cartier,* Québec, Coll. Glanures gaspésiennes, 1934, 328 p.

*Voyages de Jacques Cartier au Canada.* Édition de Théodore Beauchesne, dans *les Français en Amérique pendant la première moitié du XVIe siècle*, Paris, Presses Universitaires de France, Coll. Colonies et Empires, 1946, p. 77-197.

Cartier, Jacques. *Voyages de découverte au Canada entre les années 1534 et 1542.* Reprise de l'édition de la Société littéraire et Historique de Québec, William Cowan et fils, 1843. Suivie d'une biographie de Jacques Cartier par René Maran. Paris, Éditions Anthropos, Coll. Textes et documents retrouvés, 1968, 207 p.

*Jacques Cartier.* Textes choisis et présentés par Marcel Trudel. Ottawa, Fides, Coll. Classiques canadiens, 1968, 96 p.

*Les Voyages de Jacques Cartier.* Mis en orthographe moderne et annotés par Jean Dumont, Montréal, Coll. Les Amis de l'histoire, 1969, 268 p.

Cartier, Jacques. *Récit de ses voyages et découvertes en Nouvelle-France* (1ère partie). Texte établi en français moderne par R. Lahaise et M. Couturier, dans *Écrits du Canada français,* 39, Montréal, 1974, p. 9-55.

**2. Ouvrages cités**

Angenot, Marc. *Glossaire de la critique littéraire contemporaine,* Montréal, Hurtubise / HMH, 1972, 118 p.

Arveiller, Raymond. *Contribution à l'étude des termes de voyage en français* (1505-1722), Paris, Éditions d'Artrey, 1963, 569 p.

Atkinson, Geoffroy. *Les Nouveaux Horizons de la Renaissance française,* Paris, Droz, 1935, 502 p.

Auerbach, Éric. *Mimesis. La représentation de la réalité dans la littérature occidentale.* Traduit de l'allemand par Cornélius Heim. Paris, Gallimard, Bibliothèque des idées, 1968, 561 p.

Barbeau, Marius. *La Merveilleuse Aventure de Jacques Cartier.* Montréal, Lévesque, 1934, 117 p.

Barthes, Roland. *Mythologies.* Paris, Éditions du Seuil, Coll. Points, 1957, 252 p.

Beaujour, Michel. *Le Jeu de Rabelais.* Paris, Éditions de l'Herne, Coll. Essais et philosophie, 1969, 179 p.

Benoist (Jean), Magnan (Claude). « Les Groupes sanguins des Canadiens français », dans *l'Anthropologie,* tome 73, n° 1-2, 1969, p. 49-76.

Benzoni, M. Girolamo. *Histoire Nouvelle du Nouveau Monde,* traduit par Urbain Chauveton, s.l., Vignon, 1576, 104 p.

Bergeron, Léandre. *Petit Manuel d'histoire du Québec,* Éditions Québécoises, 1970, 249 p.

Bergeron (Léandre), Lavaill (Robert). *L'Histoire du Québec,* Éditions Québécoises, s.d., 48 p.

Berthiaume, André. « Jacques Cartier », dans le *Dictionnaire des oeuvres littéraires du Québec*, publié sous la direction de Maurice Lemire, Québec, Presses de l'Université Laval, tome I, 1976[1].

Biggar, Henry Percival. *A Collection of documents relating to Cartier and the Sieur de Roberval*. Ottawa, Archives publiques du Canada, 1930, 577 p.

Bilodeau, Rosario. *Champlain*. Montréal, HMH, Coll. Figures canadiennes, 1961, 198 p.

Bollème, Geneviève. *La Leçon de Flaubert*. Paris, Union Générale d'Éditions, Coll. 10-18, 1972, 316 p.

Buies, Arthur. « Un pays à inventer », dans *Études françaises,* vol. VI, n° 3, août 1970, Presses de l'Université de Montréal, p. 299-366.

Butor, Michel. *Essais sur le roman*. Paris, Gallimard, Coll. Idées, 1969, 185 p.

Butor, Michel. « Le voyage et l'écriture », dans *Romantisme,* n° 4, 1972, p. 4-19.

Certeau, Michel de. *L'Écriture de l'histoire,* Paris, Gallimard, 1975, 351 p.

*Champlain*. Texte présenté et annoté par Marcel Trudel, 2e édition revue et augmentée. Ottawa, Fides, Coll. Classiques canadiens, 1968, 96 p.

Chapman, William. *Les Aspirations*, 2e édition. Paris, Librairies-imprimeries réunies, Motteroz, Martinet, 1904, 353 p.

Charlebois, Robert. « Qué-Can Blues », dans *la Presse*, 23 juin 1973.

---

[1] Avec l'aimable permission du directeur du *DOLQ,* je me suis trouvé à reprendre et à développer dans mon essai des observations que j'avais faites dans cet article.

Charlevoix, François-Xavier. *Histoire et description générale de la Nouvelle France avec le journal historique d'un voyage fait par ordre du Roi dans l'Amérique septentrionale*, Paris, Giffart, 1744, 6 vol.

Chinard, Gilbert. *L'Exotisme américain dans la littérature française au XVIe siècle*, Paris, Hachette, 1911, 246 p.

Cioranescu, Alexandre. « La Découverte de l'Amérique et l'art de la description », *Revue des sciences humaines*, nouvelle série, fascicule 106, 1962, p. 161-168.

Cornell (Paul G.), Hamelin (Jean), Ouellet (Fernand), Trudel (Marcel). *Canada, unité et diversité*. Montréal, Holt, Rinehart et Winston, 1968, 622 p.

Coulet, Henri. *Le Roman jusqu'à la révolution*. Paris, Armand Colin, Coll. U, 1967, 560 p.

Dagenais, Gérard, *Dictionnaire des difficultés de la langue française au Canada,* Montréal-Québec, Éditions Pedagogia, 1967, 679 p.

Dainville, François de. *Le Langage des géographes du XVIe au XVIIIe siècle*, Paris, Picard, 1964, 384 p.

Delègue, Yves. « Philosophie et littérature au XVIe siècle », dans *Bulletin de la Faculté des lettres de Strasbourg*, décembre 1969, n° 3, p. 167-171.

De Léry, Jean. *Journal de bord en la terre de Brésil* (1557) présenté et commenté par M.-R. Mageux, Paris, Éditions de Paris, Coll. L'Histoire au présent, 1957, 415 p.

Delumeau, Jean. *La Civilisation de la Renaissance,* Paris, Arthaud, Coll. Les Grandes Civilisations, 1967, 718 p.

*Dictionnaire des symboles,* sous la direction de Jean Chevalier, Paris, Robert Laffont, 1969, 844 p.

Dieguez, Manuel de. *Rabelais par lui-même*. Paris, Éditions du Seuil, Coll. « Écrivains de toujours », 1960, 187 p.

Dorsenne, Jean. *La Vie de Bougainville,* Paris, Gallimard, Coll. « Vie des hommes illustres », 1930, 259 p.

Dumont, Fernand. « De l'idéologie à l'historiographie : le cas canadien-français », dans *Chantiers, essais sur la pratique des sciences de l'homme,* Montréal, HMH, 1973, p. 85-114.

Dupront, Alphonse. « Espace et humanisme », dans *Bibliothèque d'Humanisme et Renaissance,* 1946, p. 7-104.

Durham, Lord. *Rapport sur les affaires de l'Amérique du Nord Britannique,* édité par Marcel-Pierre Hamel, Éd. du Québec, 1948, 376 p.

Éthier-Blais, Jean. « Vision du nationalisme de Lionel Groulx », dans *Le Devoir,* 25 juillet 1970.

Febvre, Lucien. *Le Problème de l'incroyance au XVIe siècle ; la religion de Rabelais,* Paris, Albin Michel, Coll. L'Évolution de l'humanité, 1962, 547 p.

Febvre (Lucien), Martin (Henri-Jean). *L'Apparition du livre,* Paris, Albin Michel, Coll. L'Évolution de l'humanité, 1958, 557 p.

Ferland, J.B.A. *Cours d'histoire du Canada.* Première partie, 1534-1663, 2e éd., Québec, Hardy Libraire-éditeur, 1882, 522 p.

Ferron, Jacques. « Jacques Cartier », dans *l'Information médicale et paramédicale,* vol. 9, n° 22, 1er octobre 1957, p. 12.

Ferron, Jacques. « La Conquête de la France », dans *Écrivains du Canada, Lettres nouvelles,* décembre 1966, p. 101-108.

Ferron, Jacques. *Historiettes,* Montréal, Éditions du Jour, 1969, 182 p.

Foucault, Michel. *Les Mots et les choses,* Paris, Gallimard, Bibliothèque des sciences humaines, 1966, 400 p.

Fréchette, Louis-Honoré. *Mes loisirs,* Québec, Brousseau, 1863, 203 p.

Fréchette, Louis-Honoré. *La Légende d'un peuple,* édition corrigée, revue et augmentée. Québec, Darveau, 1890, 365 p.

Freud, Sigmund. *Essais de psychanalyse.* Traduit par le Dr S. Jankélévitch, revu et présenté par le Dr A. Hesnard, Paris, Petite Bibliothèque Payot, 1967, 280 p.

Garneau, François-Xavier. *Histoire du Canada depuis sa découverte jusqu'à nos jours,* 4e édition, Montréal, Beauchemin, 1882, tome 1, 397 p.

Garneau, François-Xavier. « Le Dernier Huron », dans *le Répertoire national* par John Huston, 2e édition, vol. II, 1893, p. 172-175.

Garneau, Saint-Denys. *Regard et jeux dans l'espace,* dans *Poésies complètes,* Paris, Fides, Coll. du Nénuphar, 1949, 227 p.

Genette, Gérard. *Figures III,* Paris, Éditions du Seuil, 1972, 286 p.

Gilmore, Myron P. *Le Monde de l'Humanisme (1453-1517),* traduit par Anne-Marie Cabrini, Paris, Payot, Coll. Bibliothèque historique, 1955, 383 p.

Groulx, Lionel. *La Découverte du Canada. Jacques Cartier.* Ottawa, Fides, Coll. Fleur de lys, 1966, XX-194 p.

Hébert, Anne. *Mystère de la parole,* dans *Poèmes,* Paris, Éditions du Seuil, 1960, p. 65-110.

Hunt, George T. *The Wars of the Iroquois. A Study in Intertribal Trade Relations.* Madison, The University of Wisconsin Press, 1960, 209 p.

Huston, John. *Le Répertoire national,* 2e édition, Montréal, Valois, 1893, 4 vol.

Konig, René. *Sociologie de la mode,* Paris, Payot, Petite Bibliothèque Payot, 1969, 187 p.

Lacoursière (Jacques), Bouchard (Claude). *Notre histoire, Québec-*

*Canada.* Tome 1 : Un pays à explorer, 1000-1600. Montréal, Éditions Format, 1972, 95 p.

Lahontan, Baron de. *Dialogues curieux entre l'auteur et un sauvage de bon sens qui a voyagé. Mémoires de l'Amérique septentrionale,* publiés par Gilbert Chinard, Paris, A. Margraff, 1931, 279 p.

Laroche, Maximilien. « La Conscience américaine de la nouvelle poésie québécoise », dans *Cahiers de Sainte-Marie,* Montréal, Éd. Sainte-Marie, n° 1, 1966, p. 71-76.

Le Blanc, Léopold. « Jacques Cartier », dans *Histoire de la littérature française du Québec,* sous la direction de Pierre de Grandpré, Montréal, Librairie Beauchemin, tome 1, 1967, p. 46-49.

Le Blant, Robert. « Les Écrits attribués à Jacques Cartier », dans *Revue d'Histoire de l'Amérique française,* vol. XV, n° 1, juin 1961, p. 90-103.

Le Grand, Albert. « La Littérature canadienne-française », dans *Histoire de la littérature française,* tome 2, Du XVIIIe siècle à nos jours, sous la direction de Jacques Roger, Paris, Armand Colin, Coll. U, 1970, p. 1011-1057.

Le Moine, Roger. *L'Amérique et les poètes français de la Renaissance.* Ottawa, Coll. Les Isles fortunées, Éditions de l'Université d'Ottawa, 1972, 350 p.

Lenoble, Robert. *Histoire de l'idée de nature.* Paris, Albin Michel, Coll. L'Évolution de l'humanité, 1969, 446 p.

Lescarbot, Marc. *Histoire de la Novvelle-France,* dans *The History of New France,* with an english translation, notes and appendices by W.L. Grant, and an introduction by H.P. Biggar, vol. II, Toronto, The Champlain Society, 1911, VIII-584 p.

Lévi-Strauss, Claude. *Tristes Tropiques.* Paris, Plon, Coll. Terre humaine, 1955, 440 p.

L'Heureux, Danielle. « Un vrai trip », dans *Perspectives,* 29 juillet 1972.

Mahn-Lot, Marianne. *La Découverte de l'Amérique,* Coll. Questions d'histoire n° 18, Paris, Flammarion, 1970, 142 p.

Mailhot, Laurent. *La Littérature québécoise,* Paris, Presses Universitaires de France, Coll. « Que sais-je ? », 1974, 128 p.

Mandrou, Robert. *Introduction à la France moderne,* essai de psychologie historique. Paris, Albin Michel, 1961, 400 p.

Ménager, Daniel. *Introduction à la vie littéraire au XVIe siècle,* Paris, Bordas-Mouton, Coll. Études supérieures, 1968, 202 p.

Montaigne, Michel de. *Essais.* Paris, Garnier frères, 3 vol., 1952.

Morcay (Raoul), Müller (Armand). *La Renaissance.* Paris, del Duca, 1960, 487 p.

Morison, Samuel Eliot. *The European Discovery of America. The Northern Voyages A. D. 500 — 1600.* New York, Oxford University Press, 1971, 712 p.

Oviedo y Valdès, Gonzalo Fernandez de. *Historia general y natural de las Indias,* Madrid, diciones Atlas, 1959.

Palissy, Bernard. *Discours admirables de la nature des eaux et fontaines,* dans *Oeuvres complètes,* Paris, Blanchard, 1961, 437 p.

Pelland, Louis. « Nos découvreurs et redécouvreurs », dans *Perspectives,* 18 septembre 1971.

Perrault, Pierre. *Toutes Isles.* Ottawa, Fides, Bibliothèque canadienne-française, 1963, 231 p.

Pigafetta, Antonio. *Premier Voyage auteur du monde par Magellan (1519-1522),* mis en français moderne et commenté par Léonce Peillard. Paris, Union générale d'éditions, Coll. 10-18, 1964, 313 p.

Pilote, Yvon. *Origine et évolution du mot sauvage.* Thèse de licence dactylographiée. Québec, Université Laval, 1965, 40 p.

Polo, Marco. *Le Livre de Marco Polo ou le devisement du monde,* mis en français moderne et commenté par A. t'Serstevens, Paris, Club Français du livre, 1953, 286 p.

Rabelais, François. *Pantagruel*, texte établi et annoté par Pierre Michel. Paris, Le Livre de Poche, 1964, 448 p.

Rabelais, François. *Le Cinquième Livre*, Paris, Le Livre de Poche, 1969, 638 p.

*Relation de 1634 de Paul Lajeune. Le Missionnaire, l'apostat, le sorcier.* Édition critique de Guy Laflèche. Montréal, Presses de l'Université de Montréal, Bibliothèque des lettres québécoises, 1973, XLIII-263 p.

*Rhétorique générale,* par le groupe u, Paris, Larousse, Coll. Langue et langage, 1970, 206 p.

Rioux, Marcel « Aliénation culturelle et roman canadien », dans *Littérature et société canadienne-française*, Québec, Presses de l'Université Laval, 1964, p. 145-150.

Ronsard, Pierre de. « Les Isles fortunées », dans *Les Amours.* Voir Laumonnier, Paul, *Oeuvres complètes de Ronsard*, Paris, Hachette, 1928, vol. 5, p. 175-191.

Saint-Gelais, Melin de. Sonnet sans titre dans *l'Histoire naturelle et generalle des Indes, isles, et terre ferme de la grand mer océane,* Paris, Michel de Vascosan, 1555.

Sapir, Edward. *Anthropologie,* traduit de l'américain par Christian Baudelot et Pierre Clinquart. Paris, Éditions de Minuit, Coll. Points, 1971, 382 p.

Savard, Félix-Antoine. *L'Abatis,* version définitive. Ottawa, Fides, Bibliothèque canadienne-française, 1969, 167 p.

Sylvestre (Guy), Green (H. Gordon). *Un siècle de littérature canadienne,* Toronto, The Ryerson Press, Montréal, HMH, 1967, 600 p.

Thévet, André. *La Cosmographie universelle,* Paris, Pierre L'Huillier, 1575, 2 vol., 1025 ff.

Thévet, André. *Le Brésil et les Brésiliens.* Choix de textes et notes par Suzanne Lussagnet, dans *les Français en Amérique pendant la deuxième moitié du XVIe siècle,* Paris, Presses Universitaires de France, 1953, 346 p.

Tougas, Gérard. *Histoire de la littérature canadienne-française.* Paris, Presses Universitaires de France, 1960, 286 p.

Trudel, Marcel. *Histoire de la Nouvelle-France, I. Les vaines tentatives 1524-1603.* Paris — Montréal, Fides, 1963, 307 p.

Trudel, Marcel. « Jacques Cartier », dans *Dictionnaire biographique du Canada,* Québec, Presses de l'Université Laval, 1965, I, p. 171-177.

*Vocabulaire de la psychanalyse,* par Jean Lagarde et J.B. Pontalis, sous la direction de Daniel Lagache, Paris, Presses Universitaires de France, 1967, 520 p.

Vossler, Charles. *Langue et culture de la France. Histoire du français littéraire des origines à nos jours.* Traduit par Alphonse Juilland. Paris, Payot, Coll. Bibliothèque historique, 1953, 341 p.

*Les Voyages de Samuel Champlain.* Introduction, choix de textes et notes par Hubert Deschamps. Paris, Presses Universitaires de France, Coll. Colonies et empires, 1951, 368 p.

Wellek (René), Warren (Austin). *La Théorie littéraire,* traduit de l'anglais par Jean-Pierre Audigier et Jean Gattégno. Paris, Éditions du Seuil, 1971, 300 p.

# TABLE DES MATIÈRES

Achevé d'imprimer
en août mil neuf cent soixante-seize
sur les presses de l'Imprimerie Gagné Ltée
Saint-Justin - Montréal, Qué.